新高考背景下的教学管理

理念、视野和行动

宋春燕 曾令鹏 编

广东高等教育出版社
Guangdong Higher Education Press

·广州·

图书在版编目（CIP）数据

新高考背景下的教学管理：理念、视野和行动/宋春燕，曾令鹏编. —广州：广东高等教育出版社，2019.11
ISBN 978-7-5361-6508-3

Ⅰ.①新… Ⅱ.①宋…②曾… Ⅲ.①教学管理-研究-高中 Ⅳ.①G632.0

中国版本图书馆 CIP 数据核字（2019）第 115983 号

出版发行	广东高等教育出版社
	地址：广州市天河区林和西横路
	邮政编码：510500　电话：（020）87553335
	http://www.gdgjs.com.cn
印　刷	广东省教育厅教育印刷厂
开　本	787毫米×1 092毫米　1/16
印　张	11.5
字　数	219千
版　次	2019年11月第1版
印　次	2019年11月第1次印刷
定　价	39.00元

前　言

高考制度关乎社会的整体稳定和公平机制的建立，因此，每一次高考制度改革都受到社会的极大关注。我国高校招生考试制度始于 1952 年，后由于社会政治经济情况的变化，考试招生制度一度被废除，直到 1977 年才重新恢复考试招生。

2013 年中国共产党第十八届中央委员会第三次全体会议通过的《中共中央关于全面深化改革若干重大问题的决定》提出："深化教育领域综合改革。全面贯彻党的教育方针……推进考试招生制度改革，探索招生和考试相对分离、学生考试多次选择、学校依法自主招生、专业机构组织实施、政府宏观管理、社会参与监督的运行机制，从根本上解决一考定终身的弊端。"

为进一步落实上述文件的精神和要求，2014 年国务院颁布了《国务院关于深化考试招生制度改革的实施意见》，其中指出："培养德智体美全面发展的社会主义建设者和接班人。……把促进公平公正作为改革的基本价值取向，加强宏观调控，完善法律法规，健全体制机制，切实保障考试招生机会公平、程序公开、结果公正。体现科学高效，提高选拔水平。增加学生选择权，促进科学选才，完善政府监管机制，确保考试招生工作高效、有序实施。"广东省人民政府于 2016 年颁布了《广东省人民政府关于深化考试招生制度改革的实施意见》，其中写道："按照国家部署，积极有序推进选拔方式、制度设计、保障机制、管理办法的改革，健全促进公平、科学选才、监督有力的体制机制，推动素质教育深入实施，促进考试招生公平公正，提高各类人才选拔水平，逐步形成分类考试、综合评价、多元录取的考试招生模式，构建衔接沟通各级各类教育、认可多种学习成果的终身学习'立交桥'。"

新时代背景下，中国开启了高考恢复以来力度最大的高考制度改革。从目前已经公布的各试点省份改革实施方案来看，与以往的高考制度相比主要有以下几个变化：一是改革考试科目设置。科目设置与高中学习全程接轨，不分文理科，尽可能反映学生高中学习成果的全部过程，选拔综合素质高、能力全面发展的优秀青年。二是本科批次合并录取。广东省中职学校学生自2018年起可以通过"3＋专业技能课程证书"考试获得成绩后报考相应的本科和大专院校。三是高考术科成绩评分程序有较大改进，突出公平性和科学性，减少了人为因素可能会导致的赋分不科学、不公正的现象。四是综合素质评价结果成为高校录取的重要参考依据，《广东省人民政府关于深化考试招生制度改革的实施意见》明确指出："综合素质评价主要反映学生德智体美全面发展情况，是学生毕业和升学的重要参考。"

新高考制度的实施给学校带来了改革的机遇，也带来了巨大的挑战。尤其是目前的高中教育在应对高中课程改革的同时，必须根据新高考要求进行全方位的育人改革，这给高中学校带来了极大的不适感。

首先是学校教学管理体制方面的问题。选课选科模式打破了旧有的学校行政管理模式，行政班级制被走班制取代，行政班级与走班班级并行存在，学校面临前所未有的管理压力。学校如果没有先进的教育教学理念作为指导，不能结合实际加以管理创新并不断反思提高，就会被新一轮改革所淘汰。其次是办学资源的问题。学生选课诉求的满足是以高中学校能够提供的硬件和软件资源为前提的，因此学校面临办学硬件条件和软件条件两方面的挑战。再次是新的高考模式要求高中学校及时调整教学策略，提高教学效益和教学质量。学校师资储备方面是否充足和可协调也是亟待解决的核心问题之一。

为了帮助学校了解新高考综合改革情况，尽快适应新高考模式，我们编写了这本书，为学校在新高考背景下实施组织管理提供一定的指引。

感谢本书的编写团队：宋春燕和曾令鹏负责书稿的统筹、整体框架的确定、内容的最终审定等，其他编写人员包括张伟涛（第一章）、蔡森（第二章）、王心明（第三章）、赵芬樱（第四章）、董玲（第五章）、张蕾（第六章）、王同聚（第七章第三节）、林华（第八章）、宋春燕（第七章一、二节，第九章）。

感谢广东高等教育出版社提供的机会，使我们的理想变成现实。感谢我们的写作团队，利用自己工作之余写就此书。本书是所有编写人员智慧和心血的结晶，但仍有许多不尽完善之处，欢迎各位读者批评指正。

编 者
2019 年 3 月

目 录

◎ 上篇　认识篇

第一章　认识新高考政策 ……………………………（ 3 ）
第一节　高考政策溯源 ……………………………（ 3 ）
第二节　新高考解读 ………………………………（ 5 ）
第三节　新高考挑战 ………………………………（ 15 ）

第二章　认识新课程改革 ……………………………（ 20 ）
第一节　新课程改革历程 …………………………（ 20 ）
第二节　新课程改革解读 …………………………（ 24 ）
第三节　新课程改革挑战 …………………………（ 29 ）

第三章　认识综合素质评价 …………………………（ 33 ）
第一节　综合素质评价发展 ………………………（ 33 ）
第二节　综合素质评价解读 ………………………（ 36 ）
第三节　综合素质评价挑战 ………………………（ 44 ）

◎ 中篇　视野篇

第四章　美国 …………………………………………（ 49 ）
第一节　美国的高考方略 …………………………（ 49 ）
第二节　美国的高中课程 …………………………（ 52 ）

第三节　美国的学校指导 ·· (55)

第五章　中国台湾 ·· (66)
第一节　台湾的高考方略 ·· (66)
第二节　台湾的高中课程 ·· (69)
第三节　台湾的学校指导 ·· (74)

第六章　中国香港 ·· (79)
第一节　香港的高考方略 ·· (79)
第二节　香港的高中课程 ·· (83)
第三节　香港的学校指导 ·· (86)

◎ 下篇　行动篇

第七章　课程体系建设 ·· (95)
第一节　学校课程建构 ·· (95)
第二节　生涯教育 ·· (99)
第三节　STEM 教育 ·· (103)

第八章　管理体系建设 ·· (120)
第一节　选课走班 ·· (120)
第二节　教学管理 ·· (140)
第三节　技术管理 ·· (146)

第九章　学生发展指导体系建设 ·· (158)
第一节　现实溯源 ·· (158)
第二节　理论基础 ·· (160)
第三节　行动体系 ·· (165)

参考文献 ·· (174)

上篇　认识篇

第一章 认识新高考政策

在中国，每年的高考都是极受社会关注的重大事件，高考政策的改革与学生们的未来选择息息相关，有着极大的社会影响。从 2018 年秋季学期开始，广东省所有的高一新生三年后将迎来新的高考模式，因此我们很有必要分析一下中国的高考制度大致经历过哪些重大变化，弄清楚马上来临的新高考主要有哪些革新。学校、教师、学生又将面临哪些前所未有的挑战？又要如何应对？

第一节 高考政策溯源

新中国高校招生考试制度始于 1952 年，后由于社会政治经济的变化，考试招生制度一度被中止，直到 1977 年重新恢复考试招生。此后由于中国改革开放的不断深入和发展，中国的高考招生考试制度一直处于不断完善的过程中。高考事关千家万户的切身利益，关乎社会的整体稳定和公平机制的建立，因此，每一次高考制度改革都受到社会的极大关注。学者杜瑞军、洪成文在《我国新一轮高考改革的路径及挑战——教育家对话企业家微论坛纪要》一文中梳理了自 1985 年国家颁布教育体制改革纲领性文件之后我国高考制度发展的大致历程。

阶段一（1985—1990）：我国高考制度改革的草创期，主要涉及保送生制度、标准化考试、高中会考、录取改革等。

阶段二（1991—1997）：我国高考制度改革的发展期，主要涉及保送生制度、自主招生、科目改革、录取改革等。

阶段三（1999—2009）：我国高考制度改革的深化期，主要涉及保送生制度、自主招生、会考改革、单独命题、科目改革、英语考试、招生录取等。

阶段四（2010年至今）：我国高考制度改革的综合发展期，主要涉及保送生改革、自主招生、高中学业水平考试、命题改革、科目改革、英语改革、招生计划、录取方式、监督机制等。

改革开放后中国经济社会飞速发展，面对21世纪全球化的人才智力竞争，国家需要进一步优化发展品质，及时有力地促进综合实力的提升。教育是国家发展的重要驱动力，如何有效解决"钱学森之问"是我国教育界面对的重大难题之一。目前的高考制度是经过长期理论探讨和实践检验的，取得了不俗的成就，为国家选拔了大量有用人才，其公平公开性和国家权威性受到了社会各阶层的基本认可，但也出现了一些社会反映强烈的问题。主要表现在：一是"一考定终身"，导致学生学业负担过重，一定程度上影响了学生的身心健康发展。二是"唯分数论"，导致各地应试教育愈演愈烈，选拔的标准是单一的综合得分，分分计较，压抑了学生的个性，使学生特长和综合素养的培养受到一定限制。三是区域教育发展不平衡，城乡之间教育质量水平相差较大，择校现象突出。四是公平选材和科学选材矛盾逐渐突出，统一高考采用笔试成绩作为选拔标准，能够较好反映学生的智力素质和潜能，但对非智力因素的考查效果较差。这也导致学生注重知识的理论掌握，偏重于理解记忆能力的提高，对于课外实践能力的提升关注较少，创新能力培育不足，这在一定程度上影响整个民族的思维习惯和行为模式。为解决人民群众对社会优质教育的需求和培养新时代具有创新能力的社会主义接班人，我国高考制度改革被提上议事日程。

2013年中国共产党第十八届中央委员会第三次全体会议通过的《中共中央关于全面深化改革若干重大问题的决定》中提出要深化教育领域综合改革，其中写道："推进考试招生制度改革，探索招生和考试相对分离、学生考试多次选择、学校依法自主招生、专业机构组织实施、政府宏观管理、社会参与监督的运行机制，从根本上解决一考定终身的弊端。"

为进一步落实以上决定中的精神和要求，2014年国务院颁布了《关于深化考试招生制度改革的实施意见》，继续强调增加学生选择权，促进科学选才；"整体设计从基础教育到高等教育考试招生制度改革，促进普通教育、职业教育、继续教育之间衔接沟通，统筹实施考试、招生和管理制度综合改革，试点先行，稳步推进"。

在此之后，浙江、上海等地纷纷出台了具有地方特色的高考改革方针。作为改革开放的前沿地区，在吸取自身和外省高考改革成功经验的前提之下，广东省人民政府于2016年颁布了《广东省人民政府关于深化考试招生制度改革的实施意见》，其中写道："按照国家部署，积极有序推进选拔方式、制度设计、保障机制、管理办法的改革，健全促进公平、科学选才、监督有力的体制机制,推动素质教育深入实施,促进考试招生公平公正,提高各类人才选拔水平,逐步形成分类考试、综合评价、多元录取的考试招生模式,构建衔接沟通各级各类教育、认可多种学习成果的终身学习'立交桥'。"

第二节 新高考解读

《国务院关于深化考试招生制度改革的实施意见》明确了本次高考改革的主要指导思想:"高举中国特色社会主义伟大旗帜,以邓小平理论、'三个代表'重要思想、科学发展观为指导,全面贯彻党的教育方针,坚持立德树人,适应经济社会发展对多样化高素质人才的需要,从有利于促进学生健康发展、科学选拔各类人才和维护社会公平出发,认真总结经验,突出问题导向,深化考试招生制度改革,为办好人民满意的教育、建设人力资源强国提供有力保障,为实现'两个一百年'奋斗目标和中华民族伟大复兴的中国梦提供强有力的人才支撑。"

一、全国各省市陆续推行高考改革

根据国家要求,全国 31 个省市已先后出台了高考改革实施时间表,现摘录部分省市的改革时间及内容,如表 1-1 所示。

表 1-1 部分省市高考改革时间及内容

地区	启动时间	改革亮点
上海	2014 年	1. 从 2017 年起,高考科目调整为语文、数学、外语 3 门,不分文理。高考成绩由语数外和 3 门选考科目成绩构成,3 门选考科目从思想政治、历史、地理、物理、化学、生命科学 6 门科目中任意选择,高考总分 660 分; 2. 外语考试可参加两次,取成绩好的一次计入高考总分; 3. 本科院校从 6 门选考科目中,分学科大类(或专业)提出选考科目范围,最多不超过 3 门。考生选考科目满足任何 1 门,即可报名; 4. 2016 年起,合并本科一二批次,分学校实行平行志愿投档和录取; 5. 报考专科高职志愿学生,只计语文、数学、外语 3 门统一高考成绩

续上表

地区	启动时间	改革亮点
浙江	2014 年	1. 从 2017 年起，高考科目调整为语文、数学、外语 3 门，不分文理。高考成绩由语数外和 3 门选考科目成绩构成，3 门选考科目从思想政治、历史、地理、物理、化学、生物、信息技术 7 门科目中任意选择，高考总分 750 分； 2. 外语考试一年两考，取成绩好的一次计入高考总分； 3. 高校从 7 门选考科目中分专业类或专业确定选考科目范围，最多不超过 3 门。考生选考科目满足任何 1 门，即可报名； 4. 考生志愿由"专业+学校"组成，录取不分批次，实行专业平行投档
北京	2017 年	1. 从 2020 年起，高考科目调整为语文、数学、外语 3 门，不分文理。高考成绩由语数外和 3 门选考科目成绩构成，3 门选考科目从思想政治、历史、地理、物理、化学、生物 6 门科目中任意选择，高考总分 750 分； 2. 英语考试一年两考，取成绩好的一次计入高考总分，英语增加口语考试； 3. 实行基于统一高考和高中学业水平考试成绩、参考综合素质评价的多元录取机制； 4. 高校从 6 门选考科目中，分专业（类）提出选考科目范围，最多不超过 3 门。考生选考科目满足任何 1 门，即可报名
山东	2017 年	1. 从 2018 年起语文、数学使用全国卷； 2. 从 2020 年起，夏季高考科目调整为语文、数学、外语 3 门，不分文理。高考成绩由语数外和 3 门选考科目成绩构成，3 门选考科目从思想政治、历史、地理、物理、化学、生物 6 门科目中任意选择，高考总分 750 分； 3. 外语考试可参加两次，取成绩好的一次计入高考总分； 4. 夏季高考实行基于统一高考和高中学业水平考试成绩、参考综合素质评价的多元录取机制，2017 年合并本科批次，2020 年起招生采用"专业（类）+学校"志愿填报和招生录取方式； 5. 春季高考启动"文化素质+专业技能"考试

续上表

地区	启动时间	改革亮点
河北	2018年	1. 从2021年起，高考按改革实施方案考试和录取，普通高校实行"两依据、一参考"的招生录取模式，依据统一高考（以下简称统考）和高中学业水平选考（以下简称选考）科目成绩、参考综合素质评价进行招生录取。 2. 根据新高考方案，考生高考成绩由统考科目和选考科目构成，满分750分。语文、数学、外语为统考科目，使用全国统一试卷，各科满分150分，均以原始成绩计入总分，其中，外语科目考试由听力和笔试两部分组成，待条件成熟后提供两次考试机会。选考科目包括物理、历史、思想政治、地理、化学、生物学，满分均为100分，考生须在物理和历史两个科目中，选考1科，以原始成绩计入总分，在其他4个科目中，选考2科，以转换成绩计入总分。 3. 2016年起本科二批、三批合并，逐步取消高考录取批次
辽宁	2018年	1. 从2021年起，全省统一高考考试科目调整为语文、数学、外语3门科目。语文、数学、外语科目考试参加全国统一高考，其中外语科目考试由听力和笔试两部分组成。 2. 考生总成绩由统一高考的语文、数学、外语成绩和选择性考试科目成绩构成，总分为750分。其中：语文和数学以原始分计入总成绩，满分均为150分。外语科目满分150分，其中听力部分30分，笔试部分120分。2021年、2022年，听力成绩不计入外语成绩，外语成绩以考生外语笔试成绩的1.25倍计入；从2023年起，听力成绩计入外语成绩。选择性考试科目中物理、历史2门首选科目以原始分，化学、生物学、思想政治、地理4门再选科目以等级分分别计入总成绩，各科满分均为100分。选择性考试成绩当年有效。 3. 逐步取消高考录取批次，2016年起，本科一批A、B段合并，本科二、三批合并

续上表

地区	启动时间	改革亮点
江苏	2018年	1. 从2021年开始，高考统考科目为语文、数学、外语3门，不分文理，使用全国卷。选择性考试科目为思想政治、历史、地理、物理、化学、生物6门。学生根据高校要求，结合自身特长、兴趣，首先在物理、历史2门科目中选择1门，再从思想政治、地理、化学、生物4门科目中选择2门，考试成绩计入考生总分，作为统一高考招生录取的依据。参加统一高考的学生，可以用统一高考的语文、数学、外语科目考试替代相应科目的合格性考试。 2. 成绩构成及计分方式。高考总分值设置为750分。考生总分由统一高考的语文、数学、外语科目成绩和学业水平考试3门选择性考试科目成绩组成。语文、数学、外语3门科目以每门150分计入总分，其中外语科目含听力考试30分。选择性考试科目每门均为100分。物理、历史科目以原始分计入总分，其余科目以等级分计入总分。 3. 合并本一、本二批次。在条件成熟后，探索投档模式改革试点，进一步增加高校招生和考生录取的双向选择机会
湖南	2018年	1. 从2018年秋季入学的高中一年级学生开始，普通高中学业水平考试将分为合格性考试和选择性考试，其中合格性考试成绩是高中毕业的主要依据，选择性考试成绩纳入高考总成绩。 2. 高考招生则按照"两依据、一参考"原则进行，即依据一：语文、数学、外语3门全国统考科目成绩，满分各为150分，其中外语科目只考一次，条件成熟后提供两次考试机会；依据二：3门选择性考试科目成绩，由1门首选科目（物理和历史2选1）成绩和2门再选科目（思想政治、地理、化学、生物学4选2）成绩组成，首选科目以原始成绩直接计入高考总成绩，满分100分，再选科目以等级赋分转换后的等级成绩计入高考总成绩，满分各为100分；一参考：普通高校按高考总成绩（包含政策性加分）参考综合素质评价择优录取学生。 3. 建立和完善"两依据、一参考"多元录取机制

续上表

地区	启动时间	改革亮点
广东	2018年	1. 2021年开始高考考试科目按"3+1+2"模式设置,"3"为全国统一高考的语文、数学、外语,"1"由考生在物理、历史2门中选择1门,"2"由考生在思想政治、地理、化学、生物学4门中选择2门。高考总成绩750分,其中"3"和"1"直接采用卷面分,共550分;"2"实行等级赋分,各100分。 2. 对于选考科目,招生高校要分专业组在物理、历史2门科目中提出1门科目要求,在思想政治、地理、化学、生物学4门科目中提出不超过2门科目要求。学生的选考科目须完全符合高校提出的选考科目要求才能报考,同时,其对应的合格性考试科目必须合格。招生高校按物理、历史分别编制招生计划,分开投档录取。省招生办按照"院校专业组"方式实行平行志愿投档。具体志愿填报方式和投档录取模式2021年上半年公布。 3. 实行基于统一高考和高中学业水平考试成绩、参考综合素质评价的多元录取机制

其中,浙江、上海是首批新一轮高考改革试验田,其改革的主要事项如图1-1、图1-2所示。

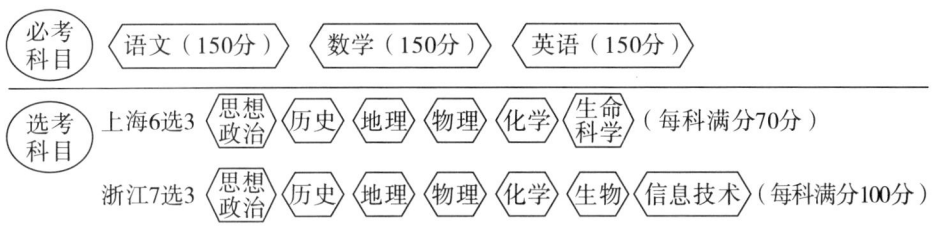

图1-1 考试科目及赋分

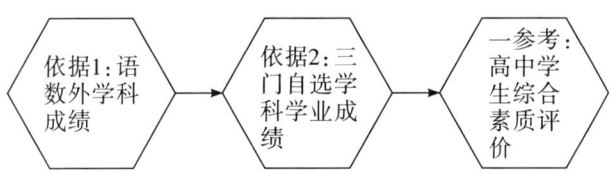

图1-2 录取标准:两依据一参考

"在上海方案中,每个本科录取批次,考生都可以填报若干个院校专业组作为志愿,最多的是普通本科批次,可以填报24个,每个院校专业组内,又可以填报4个具体专业。而在浙江版方案中，报考和录取单元更加细化，不再有报哪个学校的说法，而是直接改为按专业填报志愿。以招生覆盖面最大的普通本科批次为例，考生可以报考80个专业平行志愿，按成绩分时分段选报。有高校招生办的老师形容说，过去的报考和录取是吃桌饭，你可以选桌，但菜单是固定的，上海版方案改为更丰富的套餐可供选择，而浙江直接变成自助餐。浙江的志愿填报，一步到位直接报考到某一个专业，要么考得上，要么考不上，不会再有调剂专业现象发生。但对上海考生来说，如果达到了某一个院校专业组的投档线，又进不到所报的前四个具体专业，仍然会面临是否服从调剂到其他专业的问题。如果服从，专业可能不太喜欢，如果不服从，又有落档的风险。所以对考生来说，学校和专业怎么权衡，愿不愿意服从专业调剂，依然要慎重考虑。"①

二、广东新高考改革

1. 指导原则

就高考改革的指导原则而言，广东高考改革方案突出公平选拔与科学选材的有机统一，循序渐进，稳步推进。广东省教育厅在回答记者提问时指出，广东高考改革在总结以往经验的基础上，进一步反映时代需求，提出四个原则："一是坚持正确育人导向。遵循教育教学规律，把促进学生健康成长作为改革的出发点和落脚点，深入推进素质教育，促进学生全面发展。二是坚持公平公正。把促进公平公正作为深化考试招生制度改革的基本价值取向，在科目设置、考试组织、录取实施等环节着力完善规则，建立健全监管机制，切实保障考试招生机会公平、程序公开、结果公正。三是坚持科学选才。注重人才评价的系统性和综合性，适应经济社会发展对多样化高素质人才的需要，满足学校多元化的人才选拔要求和学生多样化的学习选择，提高选拔水平，促进科学选才，确保考试招生工作安全高效、有序实施。四是坚持有序推进。按照'统筹规划、试点先行、分步实施、有序推进'的要求，统筹推进考试、招生和管理制度综合改革，坚持把改革的力度、发展的速度和社会可承受的程度统一起来，积极有序推进各项改革，确保考试招生制度改革顺利推进、稳妥进行、不断深化。"

2. 具体内容

（1）改革考试科目设置。科目设置与高中学习全程接轨，不分文理科，

---

① 浙江、上海公布"新高考"方案：浙沪各具特点［EB/OL］.（2017 - 03 - 20）［2018 - 05 - 06］. http://www.sohu.com/a/129485760_661050.

考试尽可能反映学生高中学习成果的全部过程，从而选拔综合素质高、能力全面发展的优秀青年。2019年4月广东省政府公布了《广东省深化普通高校考试招生制度综合改革实施方案》，具体做法是自2021年起，普通本科高校招生考试由语文、数学、外语（含英语、俄语、日语、法语、德语、西班牙语）3门统一高考科目和3门选择性考试科目组成。其中，语文、数学、外语3门统一高考科目不分文理科设置；计入考生总成绩的3门选择性考试科目，由考生根据所报考高校和招生专业的选择性考试科目要求及自身兴趣特长，在物理、历史2门科目中自主选择1门，在思想政治、地理、化学、生物学4门科目中自主选择2门组成。报考体育类、艺术类专业考生须参加专业术科考试。语文、数学、英语、思想政治、历史、地理、物理、化学、生物学9门合格性考试科目，由省教育考试院统一组织实施，其中，语文、数学、英语3门合格性考试科目安排在每年1月开考1次；参加统一高考考生，可用统一高考的语文、数学、英语替代相应科目的合格性考试；非英语语种的外语科目合格性考试成绩可使用高考时对应语种的科目考试成绩。思想政治、历史、地理、物理、化学、生物学6门合格性考试科目每年考2次，安排在1月和6月开考。信息技术、通用技术、艺术（或音乐、美术）、体育与健康等合格性考试科目由各地市教育局统一组织实施。思想政治、历史、地理、物理、化学、生物学6门选择性考试科目每年考1次，安排在6月统一高考科目考试结束后开考，仅限当年我省夏季高考的考生参加，由省教育考试院统一组织实施。考生总成绩由夏季高考的语文、数学、外语3门科目成绩和3门选择性考试科目成绩组成，总分750分。语文、数学、外语满分值各为150分，按考生卷面分直接计入总成绩，其中外语科目中，英语科目笔试分值为130分，英语听说考试分值为20分（条件成熟时，适当增加英语听说考试成绩的比重），其他语种的，按教育部当年规定执行。选择性考试科目满分值各为100分，物理、历史以卷面分直接计入考生总成绩。思想政治、地理、化学、生物学以等级分计入考生总成绩。

  首先，不分文理改变了长期实行的文理分科考试的情况，有助于降低考试难度，减轻学习负担。文理学科可以混搭，学生掌握选课的主动权，既可以是"纯文科搭配"，也可以是"纯理科搭配"或者是"文理交叉搭配"，这给予了学生更多的选择余地，尽最大限度满足学生的兴趣需求。学生可以根据自己想报专业所在高校的选课要求自行选定，能较为有效地激发学生学习潜能。

  其次，广东在高考科目选择方面做出了重要的创造性贡献，也积累了一定的经验。2010年之前采用"3+文科基础/理科基础+X"设置模式，其中X即是从政治、历史、地理、物理、化学、生物、音乐、体育、美术九科中任选 1~2 科，为高校与学生之间的个性化和双向选择提供了较好的处理机制，但在实行中 X 科采用的是原始分计入高考成绩的做法。社会公众对于各科难度的理解不同，造成对高考公平性的议论，因此 2010 年取消该模式，改为"3 + 文科综合"和"3 + 理科综合"的模式。浙江采用的选考科目等级赋分制可供广东借鉴，它能较为可行地处理分分计较的问题，既能使成绩可比、可加，能较为完善地反映学生在全体考生中所处的位置，又能够解决标准分不直观、不容易被理解的缺点。

再次，给予政史地、理化生等学科多次考试机会突破了一考定终身的旧有机制，这在一定程度上避免了考生因状态或考场环境等突发因素导致成绩浮动，能公平地反映学生的真实成绩，同时"有利于分散和减弱考生的心理压力，可以发挥前一次考试对后续学习和考试的诊断和反馈作用。"①

最后，学考成绩与高考最终录取成绩相挂钩。《广东省人民政府关于深化考试招生制度改革的实施意见》明确指出："学业水平考试主要检验学生学习程度，是学生毕业和升学的重要依据。考试范围覆盖国家规定的所有学习科目，引导学生全面学习所有课程，避免严重偏科，促进中学全面落实国家课程要求。高中学业水平考试根据国家课程标准和考试要求由省教育考试院统筹安排，部分考试科目由地级以上市教育行政部门组织实施，确保考试安全有序、成绩真实可信。"

（2）本科批次合并录取。广东省教育厅在回答记者提问时针对本科录取批次合并问题解释道："调整和优化高校招生录取批次是《国务院关于深化考试招生制度改革的实施意见》的重要内容之一。"《国务院关于深化考试招生制度改革的实施意见》明确提出要"创造条件逐步取消高校招生录取批次"。广东省从 2018 年起，调整合并本科录取批次。从近年广东省普通高校录取情况看，原分批次录取在确保优质生源、考生高分高录等方面起到了积极作用。随着广东省高等教育事业的发展以及招生实行平行志愿录取，考生录取机会进一步提高，志愿风险进一步降低，这为广东省淡化和取消招生录取批次创造了良好条件。合并录取批次后，对高校而言，所有高校在一个平台上竞争，有利于高校进一步扩大办学自主权，更好地发挥办学主体作用，注重内涵发展，发挥自身优势，专注特色专业人才培养，拓宽专业发展空间，办出水平、办出特色，进而提升办学水平和核心竞争力，推动高等教育的内涵式发展。对广大考生而言，考生可选择填报的院校及专业志愿的空间更大，考生可以更好地结合自身的兴趣、特长、志向和优势，更为理性地选

---

① 边新灿. 新一轮高考改革的多视域考察：兼论浙江高考招生制度改革 [M]. 北京：北京大学出版社，2017：34.

择自己比较心仪和向往的学校和专业，进一步促进考生健康成才成长。对于中学而言，有利于高中学校破除盲目追求"一本率"，缓解学校的升学率压力，减轻师生不合理教学负担，促进高中学校更好地开展素质教育，更好地立足校情，明确定位，创建校本特色。同时，本科合并录取可纠正社会和考生简单用录取批次划分和评价不同类型高校的问题，从而促进高校从基于分数的分层招生，逐步走向基于专业兴趣的分类招生，推进人才培养质量的提升，推动高校面向经济社会发展需要，立足学校实际，自主发展，办出特色。录取批次合并后，仍然实行平行志愿投档录取的方式，广东省较大幅度地增加了本科批次相关科类的院校志愿数，从原来的"7+4"两个批次11个院校志愿数增加到15个院校志愿数，而且在每个院校志愿中增加1个不服从专业调剂志愿。因此，合并录取批次有利于进一步降低考生填报志愿的风险，提高考生志愿填报的满足率和满意度，特别是对于服从调剂而又不想到某个专业就读的考生，可以更好地满足其专业兴趣。考生填报志愿，要从本人高考成绩出发，准确合理定位，注意志愿的"梯度"，往年的冲、稳、保三者之间的梯度更长更宽了，可以更加有效地防范"低分高报""高分低报"的风险。

在2021年实行的新高考中，普通本科高校考试招生主要安排在夏季进行。夏季高考实行依据统一高考成绩和高中学业水平选择性考试科目成绩、参考综合素质评价的考试招生录取模式。夏季高考按照"院校专业组"方式实行平行志愿投档，按照物理、历史科目，分别编制专业招生计划，分开划线、分开投档、分开录取。在广东招生的普通本科高校要根据人才培养对学生学科专业基础的需要，分专业组在物理、历史2门选择性考试科目中提出1门科目要求，在思想政治、地理、化学、生物学4门选择性考试科目中再提出不超过2门科目要求，提前向社会公布。同一院校专业组内各专业的科目要求须相同。考生的选择性考试科目，须符合拟报考院校专业组对应的科目要求。考生以院校专业组为单位填报志愿，一个院校专业组即为一个独立的志愿。

普通类专业依据语文、数学、外语和考生选择的3门选择性考试科目总成绩，参考综合素质评价择优录取；体育类和艺术类专业依据语文、数学、外语和考生选择性考试科目总成绩及相应的术科考试成绩，参考综合素质评价择优录取。具体志愿填报方式和投档录取模式于2021年公布。

（3）广东省中职学校学生自2018年起可以通过"3+专业技能课程证书"考试获得成绩后报考相应的本科和大专院校。2021年开始的新高考中，高职院校考试招生与普通本科高校相对分开，主要安排在春季进行。实行"文化素质+职业技能"评价方式，通过实行分类考试、综合评价、多元录取，建立健全适应现代职业教育发展需要的考试招生录取机制。普通高中毕业生报考高职院校，文化素质成绩采用普通高中学业水平合格性考试语文、数学、英语科目成绩，逐步增加合格性考试科目要求，职业技能采用职业适应性测试成绩。报考高职院校除体育、艺术类专业外的其他专业，职业适应性测试采用高职院校自主命题测试或实行网上联合测试方式，安排在每年春季进行；报考高职院校体育类、艺术类专业，职业适应性测试成绩直接采用高三第一学期的专业术科全省统一考试成绩。广东省教育厅在回答记者有关中职考生升学途径的提问时解释道，为适应经济社会发展对多样化人才的需要，2018年起，广东省打通了职业教育"中职升本科"的成长通道，探索高端技术技能型人才培养的新路径，将安排部分应用型本科院校部分专业进行"中职升本科"的招生改革试点，参加改革试点的应用型本科高校通过"3+专业技能课程证书"考试和技能测试等方式招收中等职业学校应往届毕业生。同时，高职院校进一步扩大招收中等职业学校毕业生的招生规模，增加高职院校面向中等职业学校毕业生的招生计划，以便更好地促进技术技能型人才的培养。因此，从2018年起，中等职业学校应往届毕业生，通过"3+专业技能课程证书"类考试，既可以报考参加改革试点的应用型本科高校，也可以报考招收中等职业学校毕业生的高职院校（专科）。"3+专业技能课程证书"类录取设本科院校和专科院校两个批次，每个批次设置一个院校志愿组。本科批次设3个顺序排列的院校志愿（A、B、C），专科批次设6个顺序排列的院校志愿（A、B、C、D、E、F）。本专科批次每所院校均可填报6个专业志愿、1个是否服从专业调剂选项和1个不服从调剂专业志愿。正式投档时，分批次进行，先进行本科批次录取，再进行专科批次录取，每批次根据考生分数高低及志愿顺序先后逐一检索投档，由高校根据本校录取原则择优录取。

（4）高考术科成绩评分程序有较大改进，突出了公平性和科学性，减少了人为因素可能会导致的赋分不科学、不公正的现象。广东省教育厅在回答记者有关术科考试改革的提问时解释道，2018年起，音乐术科统考将乐理及视唱练耳笔试部分改为计算机上机考试，科目名称为练耳与乐理、视唱练耳，面试部分的考试内容、形式不变。考试大纲及考试模式已在广东省教育考试院网站公布，机考在考查依据、考试性质、指导思想、考核要求、考试范围等方面与以往相比基本相同，考生只要练好内功，夯实基础，增强能力，提升素质，并按照考试大纲的有关要求，科学做好复习备考，那么不论面对什么样的考试形式，都能取得应有的好成绩。2018年起，广东省普通高考美术术科统考，除色彩科目外，素描和速写科目实行计算机辅助评卷，进一步确保考试公平公正。评卷时先将考生答卷通过扫描的方式录入计算机，然后通过计算机辅助评价系统随机调度由评卷专家进行评卷。

（5）综合素质评价结果成为高校录取的重要参考依据。《广东省人民政府关于深化考试招生制度改革的实施意见》明确指出，综合素质评价主要反映学生德智体美全面发展情况，是学生毕业和升学的重要参考。建立综合素质评价信息管理平台，规范学生综合素质档案管理，客观、真实、准确记录学生成长过程中的突出表现。综合素质评价主要包括学生思想品德、学业水平、身心健康、艺术素养和社会实践等内容，注重社会责任感、创新精神和实践能力评价。建立综合素质评价监督管理机制，严格记录评价程序，建立公示、申诉和诚信责任追究制度，确保公开透明、内容真实准确。综合素质评价的贯彻实施有助于改变现在唯分数论的考试模式，为素质教育的真正落地实施提供重要的制度依据，有助于学生在掌握基础知识的基础之上切实锻炼实际操作能力和求异思维。综合素质评价关注学生在高中阶段的过程性评价，能够通过长时间的观察来客观真实反映学生的综合素质成长全过程。学生可以通过自我陈述、自我评价等形式参与到考评的整个过程，体现了以学生为本的教育管理理念，有利于学生德智体等的全面健康发展。

第三节　新高考挑战

广东新高考模式下每个学生要在语数外三科必考的基础之上，在物理、历史 2 门科目中自主选择 1 门，在思想政治、地理、化学、生物学 4 门科目中自主选择 2 门作为高考计入成绩的科目，即 "3＋1＋2"。在实际操作过程中，如果学生自主权被充分尊重和激活，每一类都有考生去选考的情况下就会有 12 种组合模式：

物化生、物化政、物化地、物生政、物生地、物政地
史政地、史政化、史生政、史地化、史地生、史化生

一、对学校的重要挑战

学生选课诉求的满足是以高中学校能够提供的硬件和软件资源为前提的。目前的高中教育在应对高中课程改革的同时必须根据新高考要求进行全方位的育人改革，这给所有的高中学校带来了极大的挑战。

1. 学校办学硬件条件方面的挑战

一方面高中学校在基础条件方面的确存在较大差异，国家级示范性中学与普通中学在生均经费和基础设施方面有较大悬殊；另一方面，学生有着强

烈的学科自由选择诉求，这样必定造成较多学校存在资源供不应求的局面。此种情况势必要求学校在教室、实验场地、实验器材、体育运动场所等资源建设方面加强重视，及时提出可行的改革措施并尽快加以实现。同时高考改革正处于起步阶段，可预见将来会对学校硬件建设不断提出新的要求，高中学校要时刻关注，做到未雨绸缪，为不同类型学生的全面发展做好基础建设工作，对变化及时做出相应有效的策略。

2. 学校办学软件条件方面的挑战

"3+1+2"的新模式要求高中学校及时调整教学策略，提高教学效益和教学质量。

首先是学校师资储备方面是否充足和可协调。原本固定的教学行政班级制被走班制所取代，学校原本按照行政统一安排的教师编制模式随之被打破。每一个学生将会拥有自己专属的课程表，教师也要面对学生人数不固定、上课场地和上课时间等方面的新变化。同一区域内，由于现行的录取原则在高中生入学之时进行了初步的筛选，学生学业成绩表现的客观差异性势必导致不同种类学校学生选课时科目相对集中，部分学校现有的师资分配应对这种新变化存在一定的困难。同一学校内，每年学校招生情况的变化和学生对热门专业的不同认知，也会导致一个学校教师的结构性储备不足。学生、家长倾向选择有较高教学声誉的优秀教师，这也会给同学科内部专业素质存在客观差异的教师队伍带来新的问题，造成教师的心理负担加重。在这样的实际情况下，高中学校需要及时出台有关教师专业成长的有效措施，促进教师专业能力的稳步有效提升，满足社会对优质基础教育的需求。同时学校需要根据不同教师具备的个性特征和专业优势方向，合理分配选课资源，面向不同选课人群，尽可能做到教师专业水准与选课学生所具备的学科潜力相适应。学校也要向上一级教育部门申请区域内优秀教师自由流动，把优质教育资源在区域内部共享，切实提高所有学校的办学水平，为学生全面健康发展服务。

其次是学校教学管理体制方面的挑战。"3+1+2"的模式打破了旧有的学校行政管理模式，因而学校要因应变化尽快调整管理方式，以严谨、求实的态度应对新变化。"长期以来，各高中学校习惯了以行政班级为主体的教育管理模式，以年级为实体，以班级为单位，一级抓一级，层层落实，按部就班，有条不紊"①。高考改革之后，行政班级制被走班制取代，行政班级与走班班级并行存在，学校面临前所未有的管理压力。例如，走班制如何满足学生对优秀教师的需求？优秀教师上课等工作时间过长如何处理？学校安全

---

① 李嘉庆. 聚焦新高考 [M]. 济南：山东文艺出版社，2017：57.

责任如何落实？学生不停地转换班级在教师考勤、学生心理安全建设等方面造成的难题如何解决？学校体育运动场所如何满足不同时间段内学生的运动锻炼需要？学生正常上课之余的自习时间的场所如何确定？辅导老师如何确定学生是否真正到位？教师之间如何沟通教学问题，如何确定重点心理帮扶对象？学校行政信息如何传达到一线教师，并落实到每个学生？如何改变以成绩为导向的教师评价，制定一套科学全面的新型教师评价体系？这一系列的问题都有待学校进行合理有效的解决。学校如果没有先进的教育教学理念作为指导，不能结合实际加以管理创新和不断反思提高，就会被新一轮改革淘汰。

二、对教师的重要挑战

《教育部关于全面深化课程改革落实立德树人根本任务的意见》指出"当前，高校和中小学课程改革从总体上看，整体规划、协同推进不够，与立德树人的要求还存在一定差距。主要表现在：重智轻德，单纯追求分数和升学率，学生的社会责任感、创新精神和实践能力较为薄弱；高校、中小学课程目标有机衔接不够，部分学科内容交叉重复，课程教材的系统性、适宜性不强；与课程改革相适应的考试招生、评价制度不配套，制约着教学改革的全面推进；教师育人意识和能力有待加强，课程资源开发利用不足，支撑保障课程改革的机制不健全。这些困难和问题直接影响着立德树人的效果，必须引起高度重视，全面深化课程改革，切实加以解决"。

上述问题的提出道明了现实教育教学问题中存在的亟待解决的问题，也为现行高考改革下高中学校教学指明了方向，为高中教师提高专业素养提出了要求。面对新高考改革，教师要直面新挑战，及时更新教育教学观念，做服务于"活生生的人"的教育。

1. 立德树人的教育教学策略需要改进

在旧有高考制度下，唯分数论现象极为突出，教师社会声誉的获得和维护相当程度上是通过学生的高考成绩分数来衡量的。这导致相当一部分教师关注学生应试策略的提升而忽略了学生思想品德层面的深化教育。新高考特别关注学生的综合素质评价。这就要求教师能够在日常教育教学中采取有效的教学策略，有效促进学生综合素质的提升。教师一方面要认真学习专业的心理学知识，认真研讨典型的教育案例，另一方面要对所教学生认真负责，仔细分析每个学生的个性特征，尤其要关注学生优秀品质形成的共性原因，并及时解决个别学生的心理问题。教师教育的主阵地在课堂，教师需要研究如何将综合素质教育渗透到自己任教的学科教育当中，潜移默化而非刻意地影响学生，达到"润物细无声"的教育目的。

2. 以学生为主体的教学理念需要深化

新高考改革下学科教学是以 2017 年版的各科普通高中课程标准为依据的。课程标准前言指出各个学科"进一步精选了学科内容，重视以学科大概念为核心，使课程内容结构化，以主题为引领，使课程内容情境化，促进学科核心素养的落实……充实丰富培养学生社会责任感、创新精神、实践能力相关内容"。创新精神的培育需要结合学生作为未成年人的心理特点，选择他们易于接受的授课方式，激发学生的求知欲和探究欲。要充分利用新高考可以跨学科选课的新形势，力争培养出文理兼容、综合素质高的新一代优秀青年。需要创新精神的培育模式促进了创新型教师的大量出现。教师需要改变应试教育的传统思路，突出学生在理解基础知识、知识迁移和创新思维形成过程中的主体作用，创新教学思路。例如，可以采取问题驱动、情景设置、小组合作、独立探究等形式满足学生的需求。再者教师也需要培养自身的创新精神，用师者的言行感化引导学生，做具备创新素养的新型教师，如要有"专业学科创新意识"，敢于对传统的文本叙述重新进行逻辑演练，敢于突破自己的固有思维，在前人教学经验的基础之上，发现新方法，制定新策略；要有"实践创新"意识，在对科学的教育教学经典理论充分理解的基础之上，及时总结自己在教学理论层面的探索和教学实践经验，建构符合本地本学校实际的教育教学体系；要有"反思意识"，"反思是教师通过对其教育教学活动进行理性观察与矫正，提高其教育教学能力的活动，是教师专业成长的重要保障"①，通过反思，教师能够发现自身的优点与不足，及时发扬有利于学生发展的好做法，摒弃因噎废食的错误操作。在这个过程中，教师提升了教育教学的思维品质，为创新教学手段和方法打下坚实的基础。

三、对学生的重要挑战

新高考模式下，录取学校会提前三年把专业录取要求的学业水平考试选课要求进行公示，接受社会监督，这反过来要求学生要提前对未来从事的职业进行合理规划。对未成年的高中学生来说，这是人生选择的关键点，也是一种较大的心理挑战。学生需要在高一阶段就对自己未来的发展方向有一个清晰的认识，认真思考自己的学科优势、个性特征、研究特长，合理选择"3+1+2"中的选择性科目。学生要主动参与学校组织的职业生涯教育课程，参与学校科学制定的生涯测试问卷调查，通过与生涯教育专业教师沟通

---

① 李嘉庆. 聚焦新高考［M］. 济南：山东文艺出版社，2017：158.

和分析问卷测试结果，逐步培养自己的独立选择能力，进而形成生涯规划意识和判断能力。同时，学校在进行生涯规划教育时要有充分的准备，通过设计贴近社会实践的活动让学生有参与感。例如，举办有关理财意识、看护意识、终身学习意识、体育竞技意识、时间控制管理意识等的活动，让学生对社会职业有初步的认知，了解自己在从事某种职业时可能承受的心理压力等，进而让学生对自己的职业倾向有较为清晰的认识。另外，学生要利用课余时间走入社会，观察各行各业在实际操作中所需要的技术能力、思维品质、道德要求、沟通能力等，进而思考自己的个性特征和特长是否适合该职业，为选择学科专业做好前提准备。

总之，新高考改革得到了全社会的瞩目，牵动着万千学子的心，给社会、学校和学生提出了各种挑战。"凡事预则立，不预则废"，教育部门应事先做好充分准备，为提升学生综合素质服务，为国家选材做好本职工作，为学生未来可持续发展负责。

第二章　认识新课程改革

第一节　新课程改革历程

一、新课程改革的历程

在"文化大革命"时期，教育领域成为受破坏的重灾区，1976年粉碎"四人帮"后，我国教育事业开始"拨乱反正"。1978年党的十一届三中全会召开，我国教育事业也进入历史新时期。1978年2月，国家颁布实施《全日制十年制中小学教学计划试行草案》，明确了中小学的任务和学制，提出了制订教学计划的基本原则，明确指出教育是基础，强调要大力加强文化课教学，要求学生学好先进的科学文化基础知识，开始了"文化大革命"后中小学校的重建与课程的恢复。1980年，中共中央、国务院通过了《关于普及小学教育问题的决议》，提出基本普及小学教育的任务，并要求有条件的地区还可以普及初中教育，可以看出决策者对基础教育的普及和质量的提高的重视。但总体而言，以上还不属于课程改革的范畴。新课程改革历史，从1985年开始，大致经历了三个阶段。

1. **以教育体制改革为中心的课程改革全面推开**

1985年的《关于教育体制改革的决定》是教育领域第一份以中共中央、国务院名义发布的，以"改革"命名的文件，其中提出要从教育体制改革入手，有系统地进行改革。1986年，国家颁布了《中华人民共和国义务教育法》，第一次提出了在全国有步骤地实施九年义务教育。1993年2月，中共中央、国务院颁布了《中国教育改革和发展纲要》，可以看作是这个阶段教育改革全面推开的标志。该语文件提出了中小学教学改革的要求，指出"中小学要切实采取措施减轻学生过重的课业负担"。于是，义务教育课程、教材建设成为教育领域的一个中心工作任务。1992年8月，国家教委正式颁布《九年义务教育全日制小学、初级中学课程计划（试行）》和24个学科教学大纲。2000年，教育部又印发了《全日制普通高级中学课程计划（试验修订稿）》，在课程设置上，不再区分学科类和活动类，增加了"综合实践活动"科目，增加了"课程实施"和"课程评价"。这一阶段是以制定九年义务教育课程计划、开展普通高中课程实验为主要任务，是对基础教育课程计划的逐步实施，是对课程改革的全面推开。

2. 以素质教育为中心的新基础教育课程体系构建

1999年6月，中共中央、国务院颁布的《关于深化教育改革，全面推进素质教育的决定》强调要全面贯彻党的教育方针，全面推进素质教育。2001年，国务院还发布了《关于基础教育改革与发展的决定》，指出要深化教育改革，扎实推进素质教育，课程改革被提到促进素质教育取得突破性进展的关键位置上，同时明确了"加快构建符合素质教育要求的新的基础教育课程体系"的任务。根据该决定的精神，教育部经过酝酿和研究，于同年6月颁布了《基础教育课程改革纲要（试行）》，11月颁布了《义务教育课程设置实验方案》，我国新一轮基础教育课程改革在世纪之交正式启动。这次课程改革俗称"新课改"，它聚焦于"六个改变"，即改变课程过于注重知识传授的倾向；改变课程结构过于强调学科本位、科目过多和缺乏整合的现状；改变课程内容"繁、难、偏、旧"和过于注重书本知识的现状；改变课程实施过于强调接受学习、死记硬背、机械训练的现状；改变课程评价过于强调甄别与选拔的功能；改变课程管理过于集中的状况。这"六个改变"构成了新一轮基础教育课程改革的总框架。2003年，教育部颁布《普通高中课程方案（实验）》、15个学科课程标准（实验）以及配套的若干版本的新教材。2004年，广东、山东、宁夏和海南作为首批改革实验区启动高中阶段的课程改革实验，随后的几年直至2012年，全国各地都进入高中阶段的课程改革。至此，新一轮基础教育课程体系逐步构建完成。

3. 以社会主义核心价值观为统领的课程改革向纵深全面发展

2010年7月，党中央、国务院召开了新世纪第一次全国教育工作会议，发布了《国家中长期教育改革和发展规划纲要（2010—2020年）》。该纲要根据党的十七大关于"优先发展教育，建设人力资源强国"的战略部署，按照"优先发展、育人为本、改革创新、促进公平、提高质量"的工作方针，大力推进教育事业科学发展，努力办好人民满意的教育，自此，课程改革向纵深全面发展。教育部再次启动了课程标准修订工作，2011年颁布了修订后的各科课程标准。此次修订原则是坚持德育为先，充分体现社会主义核心价值观；坚持全面发展，进一步精选对学生全面发展、终身发展具有重要价值的课程内容；能力为重，注重培养学生创新精神和实践能力；坚持以人为本，遵循学生认知规律和教育教学规律；坚持与时俱进，体现时代发展的新要求和科技进步的新内容。2012年，党的十八大提出把"立德树人"作为教育工作的根本任务，开始从国家层面更加深入系统地考虑"教育要立什么德、树什么人"或者说"教育要培养什么样的人"这一根本问题，课程改革进入突出"立德树人、全面育人"新时代。同年启动教材统编工作，明确提出教材建设是国家事权，要健全国家教材制度，成立国家教材委员会。2017年底，颁布了修订后的各科课程标准。这一阶段改革以提高质量、均衡发展和制度创新为重点。

二、课程改革的主要特点

半个世纪以来，国际课程改革浪潮此起彼伏，我国课程改革在国家改革开放政策和"解放思想、实事求是"思想路线的指引下，取得了突出成就，呈现出鲜明的个性特点。

1. 国际视野与中国特色相结合

20世纪以来，世界主要发达国家都非常关注以基础教育课程改革为中心的教育改革。世界各国的课程改革经验，为我们提供了借鉴。例如，发达国家普遍强调的价值观教育与道德教育，注重基础学力的提高、信息素养的养成、创造性思维的培养；在义务教育阶段试行综合课程，重建新的课程结构，建立国家课程标准；尊重学生经验，倡导自主、合作与探究的学习方式，实现民主、平等的师生关系；探索发展性的课程评价，强调评价的教育功能；构建共享的课程管理机制，促进学校课程的适应性等。可以说，我国的几次课程改革均以国际课程改革为背景，在充分借鉴其积极经验的基础上，形成有自己特色的、本土化的新课程。

2. 课程培养目标与时代要求相统一

我国是人口大国，教育规模居世界第一。据教育部2016年发布的《中国教育概况》，我国各级各类学历教育在校生约为2.6亿人，其中，小学、初中和高中阶段在校生是主体，约有1.8亿人。基础教育课程承载着党的教育方针和教育思想，是国家意志在教育领域的直接体现。新课程的培养目标不断体现时代要求。基础教育课程改革以邓小平同志关于"教育要面向现代化，面向世界，面向未来"的指示、"三个代表"重要思想、科学发展观、习近平新时代中国特色社会主义思想为指导，全面贯彻党的教育方针，要使学生具有爱国主义、集体主义精神，热爱社会主义，继承和发扬中华民族的优秀传统和革命传统；具有社会主义民主法制意识，遵守国家法律和社会公德；逐步形成正确的世界观、人生观、价值观；具有社会责任感，努力为人民服务；具有初步的创新精神、实践能力、科学和人文素养以及环境意识；具有适应终身学习的基础知识、基本技能和方法；具有健壮的体魄和良好的心理素质，养成健康的审美情趣和生活方式，成为有理想、有道德、有文化、有纪律的一代新人。

3. 课程的继承与创新齐并进

新课程改革是对原有课程发展的一次创新与超越，并不是对原有课程结构的全盘否定。每次课程改革都有一种承前启后的作用，是课程改革向纵深发展的历史进程中一个必定经历的阶段。每一次课程改革总是伴随着课程设计方式、课程编制方法、课程评价和实施方法等方面的创新。每次课程改革的教学实践中都涌现出一批思想解放、主动学习的学生，一批献身于新课改、不断总结教学经验的教师。课程改革不断总结学生成长与发展的经验，倡导了新的教育理念，转变了学习方式，形成了对教育、学科的探索与研究，不断激活教育实践领域的改革创新。

4. 完善的课程体系与独特的课程文化相辉映

经过多年的课程改革，我国形成了包括道德与法治、语文、数学、外语、思想政治、科学（或物理、化学、生物）、历史与社会（或历史、地理）、体育与健康、艺术（或音乐、美术）以及综合实践活动等门类齐全的课程体系。国家课程标准对这些门类的具体内容构成及教学要求进行了详细的规定，通行的教科书又严格按照课程计划和课程标准进行选择与编排。高中课程实行学分制，规定选修课、必修课学分与学时，课程结构更为灵活开放，学科课程体系进一步得以丰富和完善，增加了很多新的课程形态，比如跨学科、跨学段、跨学校的学科综合或融合课程；基于互联网的在线课程；基于科技前沿的创客课程、VR课程、STEM课程；对接国内外高校的大学选修课程；联系生产生活实际的职业体验课程等，形成了独特的课程文化，并通过这些课程，营造了一种合作、对话与探究的课堂氛围。和西方自由多元开放的课程体系相比，规范、统一的课程体系符合我们的国情，这是实现公平有质量的大规模基础教育的基本保障。我国不断完善的课程体系及独特的课程文化，更好地满足了学生个性发展的需要。

总之，义务教育制度确立以后的课程建设、改革，是一个不断探索的历程，它强调应在不同层面进行课程创新。在国家层面，尝试课程管理体制的创新，制定国家课程计划和不断修订课程标准；在地方与学校层面，在确保国家课程计划与课程标准按要求实施的同时，鼓励因地制宜，根据学校实际进行课程创新，制定具有校本特色的方案；在课堂或实施层面，要求教师依据课程标准,创造性地进行个性化教学,确保学校、学生对课程的适应性和选择性。

第二节 新课程改革解读

一、新课程改革的背景

1. 主要背景

这一轮新课程改革,从 2003 年开始,是新课程改革的全面发展和深化。党的十九大明确提出,"要全面贯彻党的教育方针,落实立德树人根本任务,发展素质教育,推进教育公平,培养德智体美全面发展的社会主义建设者和接班人。"基础教育承载着国家教育方针和教育思想,规定了教育目标和教育内容,是国家意志在教育领域的直接体现,在立德树人中发挥着关键作用。因此新的课程改革势在必行,这是落实立德树人根本任务的需要,也是解决高中课改面临的问题和挑战的需要,更是推进与高考综合改革相衔接的需要。

国家自 2012 年起便开始了高中课程实验情况的调研,2013 年开始修订高中课程方案,2014 年着手修订高中各学科课程标准,并从 2014 年起,在上海、浙江实行高考改革试点。2017 年这两个省市首次实行了新高考改革,2017 年底,国家正式颁布修订后的高中课程方案和课程标准。2018 年开始,广东等省全面实行新高考改革。2018 年秋季,义务教育道德与法治、语文和历史三科教材在全国投入使用,2019 年秋季,新教材在全国全面投入使用。

2. 指导思想

以马列主义、毛泽东思想、邓小平理论、"三个代表"重要思想、科学发展观、习近平新时代中国特色社会主义思想为指导,深入贯彻党的十八大、十九大精神,全面贯彻党的教育方针,落实立德树人根本任务,发展素质教育,推进教育公平,以社会主义核心价值观统领课程改革,着力提升课程思想性、科学性、时代性、系统性、指导性,推动人才培养模式的改革创新,培养德智体美全面发展的社会主义建设者和接班人。

3. 基本原则

一是坚持正确的政治方向。坚持党的领导、习近平新时代中国特色社会主义思想、社会主义核心价值观,坚定中国特色社会主义道路自信、理论自信、制度自信和文化自信。二是坚持反映时代要求,反映先进的教育思想和理念,着力发展学生的核心素养,反映新时代中国特色社会主义理论和建设新成就。三是坚持科学论证，遵循教育教学规律和学生身心发展规律，贴近学生的思想、学习、生活实际，充分反映学生的成长需要。四是坚持科学发展，总结提炼并继承已有经验和成功做法，确保课程改革的连续性，在继承中前行，在改革中完善，使课程体系充满活力。

二、2017年普通高中课程方案解读

新修订后的课程方案主要包括培养目标、课程设置、课程内容确定的原则、课程实施与评价、条件保障、管理与监督。

1. 进一步明确普通高中教育的定位

普通高中教育是在义务教育基础上进一步提高国民素质、面向大众的基础教育，任务是促进学生全面而有个性的发展，为学生适应社会生活、高等教育和职业发展做准备，为学生的终身发展奠定基础。普通高中的培养目标是进一步提升学生综合素质，着力发展核心素养，使学生具有理想信念和社会责任感，具有科学文化素养和终身学习能力，具有自主发展能力和沟通合作能力。

2. 进一步优化了课程结构

一是保留原有的学习科目，调整外语规划语种，在英语、日语、俄语基础上，增加德语、法语和西班牙语。二是将课程类别调整为必修课程、选择性必修课程和选修课程。三是明确各类课程的功能定位，与高考综合改革相衔接。四是确定各类课程学分比例，在毕业总学分不变的情况下，对原必修课程学分进行重构，由必修课程学分、选择性必修课程学分组成，适当增加选修课程学分，既保证基础性，又兼顾选择性。

（1）学制与课时。

学制三年。每学年52周，其中教学时间40周，社会实践1周，假期（包括寒暑假、节假日和农忙假）11周。每周35课时，每课时按45分钟计。18课时为1学分（与过去比较没有变化）。

（2）课程类别。

必修课程根据学生全面发展需要设置，全修全考；选择性必修课程根据学生个性发展和升学考试需要设置，选修选考；选修课程由学校根据实际情况统筹规划开设，学生自主选择修习，学而不考或学而备考，为学生就业和高校招生录取提供参考。

(3) 开设科目与学分（见表 2-1）。

表 2-1

科目	必修学分	选择性必修学分	选修学分
语文	8	0~6	0~6
数学	8	0~6	0~6
外语	6	0~8	0~6
思想政治	6	0~6	0~4
历史	4	0~6	0~4
地理	4	0~6	0~4
物理	6	0~6	0~4
化学	4	0~6	0~4
生物学	4	0~6	0~4
技术（含信息技术与通用技术）	6	0~18	0~4
艺术（或音乐、美术）	6	0~18	0~4
体育与健康	12	0~18	0~4
综合实践活动	14		
校本课程			≥8
合计	88	≥42	≥14

(4) 科目安排。

科目内容根据学科自身特点和学生学习内容设计。必修内容原则上按学期或学年设计，选择性必修和选修内容原则上按模块设计。模块之间既相对独立，又体现学科内在逻辑。模块教学时间根据实际需要设定，一般为 18 课时的倍数。

外语包括英语、日语、俄语、德语、法语、西班牙语。学校自主选择第一外语语种。鼓励学校创造条件开设第二外语课程。技术包括信息技术和通用技术，其必修内容分别按 3 学分设计模块。艺术可与音乐、美术两科相互替代，具体开设科目由学校自行确定。体育与健康的必修内容，必须在高中三学年持续开设。

综合实践活动由研究性学习、社会实践和志愿服务三部分组成，主要通过考察探究、社会服务、职业体验等方式进行，由学校统筹规划并实施。综合实践活动共 14 学分：研究性学习 6 学分，完成 2 个课题研究或项目设计，以开展跨学科研究为主；社会实践 6 学分，包括党团活动、军训、社会考察、职业体验等；志愿服务2学分，在课外时间进行，三年不少于40小时。

（5）毕业学分要求。

学生完成相应课程规定课时的学习并考核合格，即可获得相应学分。学生毕业的学分要求为144学分，其中，必修课程88学分，选择性必修课程42学分，选修课程14学分（含校本课程8学分）。

3. 强化了课程有效实施的制度建设

进一步明确课程实施环节的责任主体和要求，从课程标准、教材、课程规划、教学管理，以及评价、资源建设等方面，对国家、省（自治区、直辖市）、学校分别提出了要求。增设"条件保障"部分，从师资队伍建设、教学设施和经费保障等方面提出具体要求。增设"管理与监督"部分，强化各级教育行政部门和学校实施课程的责任。

课程改革的本质是革故鼎新，本次修订体现了创新发展的新理念，借鉴国际先进的教育教学理念，体现了教育发展的时代要求，充分反映了马克思主义中国化最新成果以及经济社会发展、科技进步新成就，推动信息技术条件下人才培养方式方法的变革，解决了原有课程与时代要求相脱节的问题，通过改革与创新，很好地促进了新时期立德树人的根本任务落地生根。

三、2017年新课程标准的解读

2017年底，教育部公布了《普通高中语文课程标准（2017年版）》等21个课程标准，各学科课程标准均包括以下几个部分：课程性质与基本理念、学科核心素养与课程目标、课程结构、课程内容、学业质量、实施建议、附录。

1. 凝练了学科核心素养

各学科首次基于学科本质凝练出了核心素养，明确了学生学习该学科课程后应达成的正确价值观念、必备品格和关键能力，对知识与技能、过程与方法、情感态度价值观三维目标进行了整合。引导各学科教学在传授学科知识的过程中，更加关注学科思想、思维方式，克服重教书轻育人的倾向。课程标准还围绕核心素养的落实，精选、重组课程内容，明确内容要求，指导教学设计，提出考试评价和教材编写建议。

2. 更新了教学内容

进一步精选了学科内容，以学科大概念为核心，使课程内容结构化，以主题为引领，使课程内容情境化，促进学科核心素养的落实。结合学生年龄特点和学科特征，在课程内容上，落实习近平总书记新时代中国特色社会主义思想，有机融入社会主义核心价值观、中华优秀传统文化、革命文化和社会主义先进文化教育等内容，努力呈现经济、政治、文化、科技、社会、生态等发展的新成就、新成果，充实并丰富培养学生社会责任感、创新精神、实践能力的相关内容。

3. 研制了学业质量标准

各学科明确学生完成本学科学习任务后，学科核心素养应该达到的水平，各水平的关键表现构成评价学业质量的标准。引导教学更加关注育人目的，更加注重培养学生核心素养，更加强调提高学生综合运用知识解决实际问题的能力，帮助教师和学生把握教与学的深度和广度，为阶段性评价、学业水平考试和升学考试命题提供重要依据，促进教、学、考有机衔接，形成育人合力。

4. 增强了指导性

本着为编写教材服务、为教学服务、为考试评价服务的原则，突出课程标准的可操作性，切实加强对教材编写、教学实施、考试评价的指导。课程标准通俗易懂，逻辑更清晰，原则上每个模块或主题由"内容要求""教学提示""学业要求"组成，大部分学科增加了教学与评价案例，同时依据学业质量标准细化评价目标，增强了新修订方案和课程标准对教学与评价的指导性。

此次修订强化了课程改革的衔接和配合，强调整体规划、系统设计、统筹推进。纵向上加强了与义务教育、高等教育、职业教育的有效衔接，横向上进一步明确了各个学科的具体目标，合理安排课程内容，确保相关学科相互协调、相互补充、相互支撑，避免交叉和重复；从综合育人着眼，强调发挥课程方案和课程标准对教材编写、教学与考试评价等一系列环节的统领和指导作用。

学校如何正确理解、把握这次新修订的方案与课程标准呢？一是要坚持学科课程内容与育人目标相融合的改革方向，落实立德树人根本任务，充分体现社会主义核心价值观。新课程标准把党的教育方针关于学生德智体美全面发展的总体要求具体化、细化为学生发展核心素养，各学科要结合学生实际和学科的特点，确定课程目标、明确教学内容、设计教学活动、明确学业质量要求，把立德树人落实到学科育人的各个环节之中。二是要抓好宣传解读和系统的培训工作。修订后的高中课程标准，对高中学校和教师提出了新的更高的要求，所以要对校长和教师开展全员的学习培训，全面提升他们的课程意识和能力，充分吸收过去十几年已有的丰富经验和成功做法，继续保持并发扬光大。要面向社会及各界人士，特别是学生家长，解读好新课程，营造良好的氛围。三是要以学习者为中心，按新课程标准提出可行的课程方案。新课程方案一方面给学校提供了自由发展的空间，另一方面也给学校课程建设提出了挑战。对于选择性必修课程和选修课程，学校需要根据学科课程标准要求，发挥教师学科优势，指导教师扬长避短，科学开发特色优势课程。同时，学校也要指导学生确定未来职业生涯发展方向，并据此按照学生选择，进行专业领域分班，为学生提供定制化的选修课程，为未来高考做充分准备。四是要坚持深入探索、持续研究，将理论转化为实际的教育行为；积极推进基础教育课程、教材、教学、考试、评价等环节的各项研究，使学校各方面的管理工作有机衔接，相互配套，相互促进，形成强大的育人合力。

修订后的普通高中课程方案和课程标准，将对深化高中课程改革发挥重要的引领作用。广大教育工作者要以习近平总书记新时代中国特色社会主义思想为指引，在丰富而生动的教育教学实践中，检验并提高普通高中课程方案和课程标准的质量，创造性地实施高中新课程，不断深化普通高中课程改革，为建设现代化的教育强国做出新贡献。

第三节　新课程改革挑战

一、高中课改面临的问题与挑战

1. 办学资源短缺影响课改全面深化

在学校办学规模保持相对稳定的情况下，课程改革所倡导的"必修分层、选修分类、艺体分项"迫切要求扩大教育资源的有效供给。但许多学校教育资源额外支持不足，导致师资总量、教学场所、仪器设备、教育经费等资源普遍短缺。例如，面对学生走班制和不同的选课组合，教室需要大幅度增加；教育结构和布局不尽合理，城乡、区域教育发展不平衡；教育投入不足，教育优先发展的地位没有得到完全落实；教师工作量明显增加，且难以界定，现行的绩效工资制度无法衡量教师任课情况，影响教师积极性。这些因素会影响新课程改革的全面深化。

2. 教师队伍结构性矛盾需要调和

就师资队伍而言，每一轮新课程改革都使教师专业能力受到考验，传统授课模式、已有的知识储备受到冲击甚至被颠覆，学生作业、学科辅导、师生考勤面临全新的问题，特别是教师专业发展和新课程培训未能及时同步跟进，新理念不能得到贯彻，教学技能没有得到及时的提升。"选课、分层、走班"带来的不仅仅是学校师资总量的不足，还有差异化、动态的结构性矛盾，主要体现在有些学科教师充足，有些学科教师短缺。例如，学生"趋利避害"的选课，导致选物理科目的人数较少，使得物理教师过剩，而地理、历史、生物教师短缺。这种结构性矛盾是动态的，随着每一年学生选择的差异而不同。到了高三，随着某学科学考、选考的结束，该学科的任课教师随即大批量阶段性闲置，而其他学科教师如英语、语文随着每周任课节数增加而骤然紧缺，并且从高一到高三，这种结构性盈缺不断循环往复，亟须实现平衡与调和。

3. 教学管理秩序受冲击，需要重新建立

传统的教育管理是建立在行政班基础上，以平行教学班的方式出现的。学校在配备各学科任课教师时，也力图实现师资力量的整体平衡，固定班级、固定学生、固定教师，通过平等统一的评价方法、手段和途径，如测验、考试、辅导等，并以此为依据对任课教师进行绩效考核。但在新的课改模式下，原有的教学模式被打破，迎来的是个性化、多样性、选择性的教学过程。如何对教学效果和教师业绩进行科学考核，是学校从未遇到过的新问题。建立完善的管理模式，合理引导学生选考、编班，指导学生进行生涯规划，基于"两依据一参考"综合评价具体操作，创新教研方式，引领教师的教学研究。

4. 是否加剧学生学业负担引争议

尽管社会整体对于课程改革给予了充分肯定，但是对"学生学习负担"问题仍有不同的看法。浙江已实行高考改革，许多学者认为多次考试加重了学生负担，不少高中校长、教师和学生家长认为学生的学业负担比过去重了，过去许多学生踊跃报名参加校学生社团活动，现在由于高考压力大，时间紧，不再积极参与。学校也把富有特色的校本课程进行挤压，报刊、网络上也频频出现减轻学业负担的呼声。众所周知，课程改革的过程是共同体构建的过程，相关理论需要更进一步地成熟和完善，方案需要耐心细致地宣传与动员，但目前动员力度仍显不够，社会各界对改革理解不能完全到位。不管是教育行政部门领导、校长和教师，还是学生、家长及其他社会人员，很多人对改革理念、改革目标和改革措施等缺乏基础性、准确性和完整性认知，从而陷入了迷茫、观望和困惑之中。

二、深化高中课改的对策与建议

1. 加大体制机制改革和政府统筹投入力度

高中课改不仅是课程标准体系转型和升级的过程，更是师生比和教育资源配置体系调整和重组的过程。更何况课程改革和高考改革并不是单一的教育系统内部改革,而是涉及多个环节、多个系统的综合性与社会化改革。教师编制、办学经费、办学条件等关键要素决非教育系统能完全左右的,因此,深化课改不能仅靠教育部门单打独斗。政府要加强顶层设计和制度性统筹,认真研究课程改革背景下教育资源合理配置问题,调整教育资金投入结构与比例,重新核定学校设置标准,千方百计改善办学条件,解决教室、实验室、信息技术、图书资料等基础设施的问题,加大财政支持力度;创新教育人事管理体制和绩效考核机制,确定选课走班后合理的师生比例、生均经费、拨款通道,等等;通过扩大编制、实行区域统筹、学校自主招聘及创新课堂教学组织等应对教师资源结构性矛盾。

2. 探索教育教学管理和教师发展的新途径

大力推进教学改革,要进一步探索教师成长、专业发展、教学发展和组织建设的新途径。一是加强教师队伍的建设,配齐各科任课教师,创造条件聘用具有专业特长的兼职教师,科学核定教师工作量,充分调动教师工作的积极性和创造性,加强教师的培训与研修,探索教师专业发展新模式。二是优化课堂教学模式,创设个性化的学习环境,关注学生学习过程,推进信息技术深度应用;推进校本教研制度,建立教学研究共同体,营造教学研究文化,鼓励支持教师积极探索,形成个性化风格和特色。三是改革教学管理制度,建立学生生涯发展指导制度,开设学生生涯课程,建立导师制等学生发展指导系统。建立行政班和教学班并存的管理机制,统筹安排课程、教师调度、教学设施、班级编排和学生管理。重点在课程建设、选课指导、校本教研、课程资源共享、教学评价五个关键环节进行突破,建立起完善的管理制度。

3. 从实际出发,因地制宜规划学校课程

普通高中多样化、特色化建设是一个长期的过程,选课走班要依借学校办学条件,不能一步到位,更不能随心所欲,要坚持以"积小步,不停步"的方式逐步深化高中课改,逐步扩大学生的选择权。要坚持合理规划学校课程,创造性地落实国家课程方案,制定满足学生发展需要的课程规划,科学合理地安排三年课程,开足必修课程和选择性必修课程,创造条件逐步开展选修课程,积极整合并开发利用课程资源,满足学生选考及个性化学习的需求,做好教学进度、每周教学时间总量安排,严格按照课程设置和学分要求安排课时,不随意增减课时。学校要重构育人模式,在已有的特色学科上下功夫,使之更优、更强,使高中办学从追求"选拔中的唯一性"向"选择中的多样性"转变,最终实现学校特色办学与学生个性成长相结合。

4. 发展学生核心素养和学科素养

马云说:"我们今天的教育方式和教育内容会让我们的年轻人在未来30

年失去工作！因为他们学到的东西、记忆的知识和掌握的运算方法，所有这些东西，机器可以做得更好。"人类已进入新时代，教育不断面临新挑战，学科核心素养基于学科知识，反映学科内在联系，要求教师对课程内容做深层研究，以培养学科素养为目标设置课程，通过教学使学生的行为发生变化，让课程标准上的素养变成学生的学习行动。因此，要让落实学科核心素养成为我国当前课程改革的突破口。教育要实现立德树人，必须从学生的学习过程入手，立足学科来强化教育功能。教师要明确当前的教育使命，才能在每门学科、每节课中落实立德树人。

第三章 认识综合素质评价

第一节 综合素质评价发展

一、发展历程

改革开放以来我国一直非常重视国民素质教育。1985年5月国家发布的《中共中央关于教育体制改革的决定》明确指出:"在整个教育体制改革的过程中,必须牢牢记住改革的根本目的是提高民族素质。"这是国家第一次提出素质教育的概念。在素质教育理念的倡导下,素质评价历经了近三十年时间的不断论证、实践和调整。我国综合素质评价的实践发展大致可以分为三个时期。

1. 早期奠基时期(1999—2004年)

1999年6月,中共中央、国务院颁布《关于深化教育改革,全面推进素质教育的决定》,提出"全面推进素质教育,培养适应21世纪现代化建设需要的社会主义新人"。

2001年6月,教育部颁布《基础教育课程改革纲要(试行)》,提出"加强对学生能力和素质的考查,改革高等学校招生考试内容,探索提供多次机会、双向选择、综合评价的考试、选拔方式"。

2002年12月,教育部颁布《教育部关于积极推进中小学评价与考试制度改革的通知》,提出"建立以促进学生发展为目标的评价体系"。

这一时期国家教育部门的行政推动为学生综合素质评价提供了基本的内容结构与框架,为今后学生综合素质评价的实施奠定了基础。

2. 探索实践时期（2005—2009 年）

2004 年 2 月，教育部颁布《国家基础教育课程改革实验区 2004 年初中毕业考试与普通高中招生制度改革的指导意见》，第一次提出"综合素质评价"的概念，综合素质评价可为高等学校择优录取学生提供重要参考。

2005 年 3 月，教育部颁发《关于进一步加强普通高中新课程实验工作的指导意见》，进一步推动了我国普通高中学生综合素质评价的展开。

学生综合素质评价在前期准备的基础上，进入了全面实施阶段。该阶段将学生综合素质评价改革付诸实践，既扩大了其影响面，又积累了许多实践经验。

3. 反思完善时期（2010 年至今）

2010 年 7 月，《国家中长期教育改革和发展规划纲要（2010—2020 年）》进一步要求"全面实施高中学业水平考试和综合素质评价"。

2013 年 11 月，党的十八届三中全会再次强调"推行初高中学业水平考试和综合素质评价"。

2014 年 9 月，《国务院关于深化考试招生制度改革的实施意见》提出要"探索基于统一高考和高中学业水平考试成绩、参考综合素质评价的多元录取机制"。

2014 年 12 月，教育部出台的《关于加强和改进普通高中学生综合素质评价的意见》提出了普通高中学生综合素质评价的重要意义、基本原则、评价内容、评价程序等。

综合素质评价正在逐年深入，评价理念与机制都趋于完善。随着新高考改革的号角在全国吹响，综合素质评价必将在未来的教育中发挥更大的作用。

二、发展现状

综合素质评价虽然已经实施了近 20 年的时间，但由于种种主客观原因，其发展现状还存在诸多问题。

1. 地方实施，评价导向不一致

各地区的地域差异导致综合素质评价具体情况差异太大，无法制定统一的评价标准，学生的个性化差异也导致无法制定统一的评价标准。但这就导致全国各地在综合素质评价的标准与导向方面存在比较大的差异性。

2. 结果导向，忽视学生成长过程

素质教育虽然倡导多年，但我国多年的应试教育传统导致学校、家长、

社会都难逃"唯分数论"观念的桎梏,对学生的评价只看到"冰冷冷的分",而看不到"活生生的人"。这种以分数为评价标准的观念只关注学生的学习结果,而忽略了学生的整个成长过程及学生多元智能的体现。

3. 评价同质,学生个性不突出

由于过往的评价者大都由学校的教师,特别是班主任承担。一名班主任要兼顾全班几十名学生,很难关注到每一个学生的成长细节,所以评价通常会出现同质化严重的现象。这样的同质化评价难以体现学生的个性化特征,因此不具备切实意义。

4. 集中突击,评价实效性不强

不少学校的综合素质评价都是在学期末才开展的,通常都是临到期末才集中突击给学生撰写评价评语,多以阶段总结性语言评价。甚至有的学校直到学生高三毕业才应付性地填写学生综合素质评价报告。这种集中突击式的评价导致学生成长过程中的重要事件与精彩点滴多被遗漏或忽略,评价欠缺时效性。

5. 理念滞后,评价定位与理念不明晰

由于对综合素质评价的认知和重视度不够,不少地区还停留在人为地将学生划分为优、良、中、差等级的做法,或为了便于操作,全部指标都进行量化评分,只注重显性因素而忽略隐性因素。评价理念严重滞后,学校和教师的评价理念有待转换与更新。

6. 制度缺失,评价制度与机制不完善

综合素质评价是一项复杂的系统工程,由于目前缺少有效的制度措施与保障机制,不少学校的综合素质评价流于形式,或内容虚空,未能有效发挥综合素质评价有效的教育与促进作用。

三、发展趋势

综合素质评价虽历经十多年,但由于实施过程中缺少行之有效的制度保障与实效作用,一直以来的发展并不尽如人意。但随着时代的发展和新高考改革大势来袭,综合素质评价的地位日趋重要。

1. 体现个性化的过程性评价

《国家中长期教育改革和发展规划纲要(2010—2020年)》指出:"关注学生不同特点和个性差异,发展每一个学生的优势潜能"。实施个性化教育,是促进教育改革创新的一个重要抓手,是实施素质教育的重要措施,是教育贯彻以人为本科学发展观的具体体现。个性化教育更符合学生教育发展的客观规律，成为素质教育改革的核心，个性化教育必将成为未来教育发展的趋势。因此对学生的评价势必要走出同质化、标准化的误区，而更多关注每一名学生的个性特征、优势才干、心理发展、社会参与等诸多方面。

2. 体现可信度的甄别性评价

2014年国家颁布《国务院关于深化考试招生制度改革的实施意见》明确指出，要"规范高中学生综合素质评价""改革招生录取机制，探索基于统一高考和高中学业水平考试成绩、参考综合素质评价的多元录取机制"，综合素质评价"是学生毕业和升学的重要参考"。

第二节 综合素质评价解读

一、为何评？

1. 培养综合素质人才的需要

时代发展迅猛，对人才的需求与标准也发生着翻天覆地的变化。随着时代的多元化发展，人才的需求也呈多元化发展，教育理念也应从传统的重视知识和技能向重视个体核心素养转换。

2. 促进学生自我教育

综合素质评价一个很大的功能就是帮助学生进行自我发现与自我认知。

以写实记录为例，学生可以选择一件对自己影响最大的事件作为写实记录的主体事件，而不是像过往的自我评价那样从比较宽泛的角度进行评价。记录强调的是某一件对学生而言最有成就感、印象最深刻、最具有启发意义或最能促进成长的典型事例。学生可在记录这些事件的过程中对自己的性格、兴趣、能力、价值观有新的认知和感悟，从而增强自我认识。

3. 辅助招生录取

综合素质评价首次作为高校选拔人才的重要参考依据，被提上日程。自2016年后，已经有部分高考改革试点省的试点高校在录取新生时，综合考量考生高考成绩、高校考核结论、高中学业水平测试成绩、综合素质评价以及高校自身培养特色五个维度的内容，综合评价择优录取。

高校人才选拔破除"以分取人"，改革"一次考试定终身"的局限，走向更科学、合理、人性化的招考之路。综合素质评价逐步成为评优升学的硬性要求，其作用将日益凸显。

二、谁来评？

综合素质评价面临的首要问题是谁来评。一直以来，教育评价都是由上级教育主管部门评价学校，学校评价教师，教师评价学生。学生一直是评价体系中的评价对象，但这真是最合理的评价方式吗？

1. 促进个人成长的自我评价

在评价这件事上，学生一直处于被动接受评价的地位。虽然这些年学校都非常注重学生的多元评价，然而在自评、互评、他评之中，自评所占的比重确是微乎其微的，并没有发挥应有的作用。但如果认真思考这个问题，最了解学生的人是谁？是学校、老师、同学，还是家长？显然都不是。其实最应对被评价者负责的人恰恰是最有发言权的学生自己。学生既是评价的对象，也应是评价的主体。

综合素质评价改革的理念非常看重学生作为评价主体的重要性。外显的语言和行为所有人都看得见，但内隐的情感、感悟、思考却只有当事人自己知道，他人无法代替。综合素质评价改革的理念更侧重过程性评价，而对成长过程最有发言权的就是学生本人，故综合素质评价应以学生为评价主体。

2. 确保全面客观的他人评价

综合素质评价除了学生主观的自我写实记录之外，还需要外界给予学生客观评价。

（1）教师评价体现教育功效。

学校教师是相对较为熟悉学生在学校整体表现及情况的人，所以一直以来综合素质评价的主体都以教师为主。教师掌握着绝对的评价权威，评价也往往以结果性评价为主，忽视了学生在成长过程中内心世界的变化以及学生的个性化成长差异。

综合素质评价改革倡导教师要转变思想、转变角色。教师角色不再是学习的管理者，高高在上的评论者，而应是学生成长道路上的引路者、扶持者。对于学生的评价应该弱化等级的划分，而多采用描述性语言评价。

教师应细致观察学生平时的学习生活，认真倾听学生的心声，还需要掌握每个学生的个性特点，不能只看学生行为的结果，也要了解学生行为背后的心理状态。教师评语要多从正面激励的角度去评价学生，突出学生个性，注重发掘学生的优点和"闪光点"，对学生身上存在的不足之处，委婉表达改进意见并寄予期望式的激励。一条好的评语往往会拉近师生间的心理距离，增进师生间的感情，甚至成为激励孩子一辈子勤奋上进的信念。教师评价的目的不是给学生定性分级，而应把评语当作帮助学生成长的教育契机，通过评价促使学生朝着更好的方向发展。

教师还要多组织班级活动，给学生创设更多展现和锻炼的平台与机会，让学生的综合素质得到最大限度的锻炼与提升。

（2）家长评价体现个体关注。

家庭教育是教育中不可或缺，甚至是至关重要的一环。作为家长，也要参与学生的成长发展。虽然由于家长的评价主观性太强，不会作为高校招生的参考依据，但来自家长的关爱和鼓励是孩子成长的土壤，孩子自信心的建立、安全感的建立都来自家庭教育的给予。家长也是最能关注个体成长的人，家长的评价可以起到促进学生发展的作用。

（3）第三方机构评价体现公平公正。

综合素质评价除了如实记录学生的成长过程和收获外，还承担着未来高校招生录取重要参考依据的重任。为了确保综合素质评价档案的可信度，目前也开始有第三方机构介入评价体系之中。如思想品德方面有学生会参与公益劳动、志愿服务的福利院、医院、社会救助机构等；艺术素养方面包括博物馆和举办艺术展、艺术沙龙活动的场所；社会实践方面包括为学生提供勤工俭学、社会调查、职业体验等的机构。这些第三方机构可开具证明，或对学生参与活动的情况做登记或撰写评语。

第三方机构提供的活动证明和评语，能比较客观地记录并评价学生参与各种社会活动的实际情况。

3. 基于招生录取的高校选拔性评价

综合素质评价用于高校招生时，由招生院校对学生进行评价，高中学校只需将真实的综合素质评价档案提供给高校，不必也不能代替高校对学生综合素质进行评价。可见，"谁使用谁评价"的显著特点在于将两类不同的利益相关主体区别开来。

三、评什么？

1. 思想品德

思想品德主要考查学生在爱党爱国、理想信念、诚实守信、仁爱友善、责任义务、遵纪守法等方面的表现。重点是学生参与党团活动、有关社团活动、公益劳动、志愿服务等的次数和持续时间，如为孤寡老人、留守儿童、残疾人等弱势群体提供无偿帮助，到福利院、医院、社会救助机构等公共场所和社会组织做无偿服务，为赛会保障、环境保护等活动做志愿者。

党的十八大提出"把立德树人作为教育的根本任务，培养德智体美全面发展的社会主义建设者和接班人"。故思想品德的评价是评价与衡量一名学生综合素质的重要先决因素。

2. 学业水平

学业水平主要考查学生各门课程基础知识、基本技能掌握情况以及运用知识解决问题的能力等。重点是学业水平考试成绩、选修课程内容和学习成绩、研究性学习与创新成果等，特别是具有优势的学科学习情况，在某些学科上的优势预示着一个人在某一领域的学术潜力。

学业水平评价是素质教育的必要基础，但学业水平评价不是唯分数论，除了基础学业成绩还看重学生的创新能力和学科优势。

3. 身心健康

身心健康主要考查学生的健康生活方式、体育锻炼习惯、身体机能、运动技能和心理素质等。重点是《国家学生体质健康标准》测试结果、体育运动特长项目、参加体育运动的效果、应对困难和挫折的表现等。

身体健康是学习和生活的必备前提。身体健康的评价包括身体机能、运动技能、运动习惯、运动成绩等。心理健康主要着重通过评价引导学校培养学生积极乐观、健康向上的心理品质，包括对自己的兴趣、能力、爱好等的自我认知；亲子、同伴、朋友等人际关系；还包含应试心理与调适，以及青春期心理与异性交往心理等。引导学生充分开发他们的心理潜能，促进学生身心和谐可持续发展，为学生健康成长和幸福生活奠定基础。

4. 艺术素养

艺术素养主要考查学生对艺术的审美感受、理解、鉴赏和表现的能力。重点是在音乐、美术、舞蹈、戏剧、戏曲、影视、书法等方面表现出来的兴趣特长，参加艺术活动的成果等。

生活从来都不缺少美，缺少的是发现美的眼睛。艺术素养是丰富学生生活、提升生活品位与品质必不可少的养分。艺术课堂内学生可以欣赏中外艺术名家名作，学习各种艺术技能。课堂之外，学生可以走进大自然、艺术馆、音乐厅等，感受艺术的独特魅力，还可以创作抒发自己情感的艺术作品。

5. 社会实践

社会实践主要考查学生在社会生活中动手操作、体验经历等情况。重点是学生参加实践活动的次数、持续时间、形成的作品、调查报告等，如与技术课程等有关的实习、生产劳动、勤工俭学、军训、参观学习与社会调查等。

社会实践是各种知识内化、潜能挖掘、技能培养和责任感形成的必经之路。"纸上得来终觉浅，绝知此事要躬行。"只有通过丰富多样的社会实践活动，同学们才能真正地增长才干，从而心灵丰富、精神饱满，真正获得成长。学生都将走出校门步入社会，因此在学校期间就深入社会，参与社会实践活动，从而了解社会、开阔视野、锻炼综合能力，形成对自然的关爱、对社会和自己负责、职业规划、服务社会的意识和能力，为将来融入社会打好基础。

人的综合素质是多元合一的复合体，以上五个评价内容都不是独立存在的，综合素质评价需要反映学生全面发展的情况和个性特长，应在承认个体差异性的同时兼顾全面性。

四、怎么评？

（一）评价原则

1. 方向性原则

引导学生践行社会主义核心价值观，热爱中国共产党，弘扬中华民族传统美德。我国的教育目的是培养德、智、体等方面全面发展的社会主义事业的建设者和接班人，故评价也要把握这个国家教育的大方向。

2. 指导性原则

把握学生的个性特点，关注成长过程，激发每一名学生的优势潜能，鼓励学生不断进步。综合素质评价不是为学生定性、贴标签，而是学生通过自我评价全面客观地进行自我认知，教师通过评价指导学生成长与发展。

3. 客观性原则

如实记录学生成长过程中的突出表现，真实反映学生的发展状况，以事实为依据进行评价。客观真实在综合素质评价中尤为重要，直接影响综合素质评价的最终作用和成效。

4. 公正性原则

严格规范评价程序，强化有效监督，确保评价过程公开透明。

（1）政策公开。综合素质评价的政策文件与管理办法要公开，以确保所有的评价都在同一理念下开展与实施。

（2）程序公开。综合素质评价的程序也应面向学生、家长及社会完全公开，以确保评价过程公开透明。

(3) 结果公开。学生的综合素质评价活动写实记录和事实材料必须于每学期末在学校内或校园网进行公示，评价结果也要给予公开。

（二）评价类型

1. 终结性评价

终结性评价是指在教学结束时进行的教学评价。对综合素质评价而言，它是指对学生阶段性学习或生活取得的成果进行评价。终结性测验有助于学生了解自己的学习情况。

评价目的：判断能力，识别优势潜能，为招生录取提供参考依据。

评价形式：（1）学业成绩：阶段性学业成绩，包括学科成绩、研究性学习与创新成果等。

（2）体能指标：在身心健康中需要记录学生的各项体能指标。

评价时间：高中学段结束后，或高中教育结束后。

评价结果：内部导向——了解学习和身体现状，找到未来的发展方向。

外部导向——为教师制定教育策略提供参考，为招生部门提供评定依据。

评价优点：具有高信度和高利害性。

评价缺点：注重结果，忽视过程，评价结果不全面。

2. 形成性评价

形成性评价理论最早由美国教育学家斯克里文在20世纪50年代发表的《评价方法论》中提出，形成性定义评价为：对教学活动中存在的问题进行诊断分析，将有价值的信息反馈到教学活动上，从而促使整体学习更有效率。形成性评价的关键是反馈的作用，它关注学习过程，重视非预期性结果。

评价目的：主要是记录学习任务达成情况、过程性收获，以及给学生的成长指导。

评价形式包含三个层面。

（1）写实性记录。写实性记录由学生自己撰写，主要记录、总结与反思自己的成长历程。

写实性记录以选择关键或有代表性的事件为主，不需要面面俱到。关键事件或代表性事件是指在学生成长过程中产生重要影响的事件，或特别触及个人内心深处，引发深入思考，或对后来的个人发展产生了比较大影响的事件。

写实记录可围绕综合素质评价五个内容的某一方面，交代事件的时间、地点、人员、起因、经过和结果。主要介绍学生本人在事件或活动中扮演的角色、承担的任务，最后也是最重要的是要陈述参与事件或活动的个人感悟与收获，如通过该事件或活动受到了哪些启发，引发了哪些思考，锻炼或提升了自己哪方面的能力。

　　但要说明的是，写实性记录并不是一味呈现与展示自己的才能和成绩，而是要真实坦诚面对自己经历过的困惑、挫折、失败等等。从失败的活动中总结经验教训，进行思考，获得警示，也是有效促进个人发展的优秀写实记录。

　　（2）自我陈述报告。写实性记录贯穿于学生生涯的全过程，是与学生的各项学术与非学术活动同步进行的。自我陈述报告则是学生对阶段性学习与生活的总结梳理。通常高中生每学年需要撰写一份年度自我陈述报告，高中结束后还应对高中三年的学习与生活撰写一份总的自我陈述报告。

　　由于学生毕业时自我陈述报告是要纳入综合素质评价档案的，自我陈述报告也是高校招生的重要参考依据，故自我陈述报告的撰写就显得格外重要。

　　自我陈述报告的撰写原则：

　　①突出个性：自我陈述报告除了对自己的基本情况进行概述外，应着重描述个人成长过程中的突出表现，展现个人个性特点或突出的能力专长，避免面面俱到、泛泛而谈。

　　②客观描述：自我陈述报告要以客观事实为基础，如实记录，用证据说话，不弄虚作假、无中生有，切忌夸大其词，如果有证书或证明需要一并附之。客观如实的描述是诚信的基本体现。

　　③语言简明：自我陈述报告的表述语言一定要言简意赅，主题突出，一般800字左右为宜。需要让招生学校录取人员通过陈述报告能很好地了解和认识学生的个性特征与能力水平是否符合招生需求。

　　（3）教师综合评语。教师评语在综合素质评价过程中有三种方式。一种是即时性评语，指活动结束后教师引导学生撰写写实记录，并针对该项活动中学生的表现给予即时的评价，一事一议。第二种是阶段性总结评语，如学期末或学年末，对学生该学习阶段的表现进行总结与反馈，指出学生的优点，并给予期望，为今后发展提出建议。第三种是终结性评语，主要是对高中三年进行综合评价，或以实名方式向招生院校撰写推荐信。

　　教师评语需要遵循以下几个原则。

①反应个性：教师的评语要突出每个学生的个性差异，避免面面俱到或千人一面。

②真情实感：教师的评语要有真情实感，若要起到教育作用教师评语就不能是冰冷的语言，而应该富有情感。评语内容可以是因学生的举动而感动，因学生的进步而喜悦，因学生的行为而欣慰，这种情感化描述若能打动学生，才能起到启发、教育的作用。

③客观可信：教师的评语要结合教师平时对学生的细致观察有针对性地描述，评价内容要真实可信。教师评语要避免空泛，也要注意除了要充分肯定学生的成绩和进步以外，也不能回避学生存在的问题，要委婉地指出学生的不足，并给予学生下一步改进的建议。这样的评语才能起到启示与教育的作用。

评价时间：高中教育过程中及结束后。

评价结果：内部导向——为进一步教育做指导。

外部导向——为高校招生录取做参考依据。

评价优点：形成性评价从学生的长远发展和全面发展出发，关注过程。

评价缺点：主观性强，不便评估，缺乏一定的可信度。

以上每一种评价方法都有各自的优点，也都存在各自的局限性和缺点，唯有综合运用多种评价方法，才能确保评价的多元性与全面性。

（三）评价程序

1. 写实记录

教师要指导学生客观记录在成长过程中集中反映综合素质的具体活动，写实记录着重典型事件或重要事件，不需要面面俱到。要收集相关事实的佐证材料，及时填写活动记录单。教师要对学生的写实记录给予适当的个性化评语。所有活动记录和事实材料都要真实、有据可查。

2. 整理遴选

每学期末，教师指导学生整理、遴选具有代表性的重要活动记录和典型事实材料以及其他相关材料。用于招生使用的材料，学生要签字确认。

3. 公示审核

遴选出来用于招生使用的活动记录和事实材料必须于每学期末在教室、公示栏、校园网等显著位置公示。班主任及有关教师要对公示后的材料进行审核并签字。

4. 形成档案

公示审核后,学校要对相关材料进行汇总,为每位学生建立综合素质档案。档案主要内容包括:

①主要的成长记录,包括思想品德、学业水平、身心健康、艺术素养、社会实践五个方面。

②学生毕业时的简要自我陈述报告和教师为自我陈述报告撰写的简要评语。

③典型事实材料以及相关证明。

5. 材料使用

(1) 学生成长记录。中学生素质评价手册承载着学生成长历程的点滴记录,反映了学生的成长轨迹,对学生而言是难能可贵、值得珍藏的成长记录。

(2) 学校学生教育。对学校而言,综合素质评价是引导学生发现自我、建立自信,指导学生发扬优点、克服不足,明确努力方向的一个重要途径,也是促进学生综合素质提升的重要手段。高中教师要充分利用写实记录材料,对学生成长过程进行科学分析,并通过教师评语对学生进行教育指导,促进学生个性化及综合化成长。

(3) 高校招生参考。高中学校要将学生综合素质档案提供给高校招生使用。高等院校在招生时要根据学校办学特色和人才培养要求,制定科学规范的综合素质评价体系和办法,组织教师等专业人员对档案材料进行研究分析,采取集体评议等方式做出客观评价,作为招生录取的重要参考。

第三节　综合素质评价挑战

综合素质评价发展这么多年,却始终未能在学生评价体系中成为重要的评价指标,从未得到全社会的认可,一直难以真正发挥其重要作用。究其根源,最大的问题来自于评价自身的真实可信度。

一、构建诚信体系

综合素质评价是一项政策性强、涉及面广的大事,必须切实加强领导,建立专门工作领导机构,制定具体工作方案,精心组织实施,严格执行管理制度和规范,借此机会建立社会诚信体系。诚信体系需要从以下几个方面去构建。

（1）学生记录要真实。作为评价对象与主体的学生，要确保活动真实开展，真实参与，真实记录，真实反映自己的发展状况，要以事实为依据，有据可查，绝不可弄虚作假，一旦被发现将受到相应的惩罚。

（2）教师评语要属实。教师作为学生综合素质评价的监管者，有义务教导和引导学生以认真严谨的态度对待综合素质评价，并认真审核学生所有档案的真实性。教师对学生的评语也要遵照客观事实给予评价，不能过于夸大事实或替学生捏造事实。

（3）学校规范公示审核。为了确保所有材料的真实性，高中学校建立健全公示审核制度，充分发挥师生群体的监督检查作用，以确保所有材料的真实性。

（4）第三方评价机构要权威。如有一些社会实践活动是由社会上的第三方机构组织的，则需要第三方机构给予活动参与证明及评价。第三方机构需要确保证明及评语的真实可信度。要建立第三方机构的监管机制，确保第三方机构的正规性和评价的权威性。

（5）高校招生部门遴选要慎重。高校在招生录取的时候，对学生的综合素质评价要充分重视。对资料的审核要严谨慎重，让综合素质评价在人才选拔和招生录取之中真正发挥实际作用。

只有全社会协同建立评价的诚信体系，才能避免综合素质评价"学生随意填写，学校胡乱评价，高校基本不看"的尴尬的局面。

二、健全监管机制

综合素质评价原来大都以学校为主，学校既当裁判员，又当运动员，还当解说员，造成这种不合理现象的根本原因是缺乏有效的监管机制。只有从监管制度上实行"管、评、监、用"分离，即由上级教育管理部门制定标准和实施办法，由学校组织师生开展多元素质评价，由社会、家长、第三方机构等进行全面监督，最后由高校择优使用。"管、评、监、用"分离后，各司其职，共同营造一个科学健全的监管机制。

综合素质评价作为教育体系中的重要组成部分，是推动素质教育实施与发展的重要途径。随着新高考改革的号角在全国吹响，学校、社会各层面广泛参与，综合素质评价也将步入一个全新的时代。

中篇　视野篇

第四章 美国

不同的国家因国情不同,其高中课程、高考模式以及高校录取方式也不同。本章主要分析美国的高校招生考试方略、高中课程设置以及美国高中学校指导,从而了解美国高中阶段如何对学生进行指导,其理论与实践对我国的学生指导具有一定的启示意义与借鉴价值。

第一节 美国的高考方略

一、考试机构

美国是地方分权制的国家,没有任何全国统一的考试。在美国,入学考试成绩并非学生进入大学的必要条件,有些学校招生根本不需要提供大学入学考试成绩,只需要提供高中结业证书以及其他资料即可。因此,在美国并不存在诸如中国高考性质的全国统一考试。

美国实行"招考分离"政策,高校招生考试机构并非国家创办,而是由法律授权的非营利组织负责。美国重要的考试机构主要有三个:大学入学考试委员会、教育考试服务中心以及美国高校测试中心。

1. 大学入学考试委员会(The College Entrance Examination Board)

大学入学考试委员会成立于 1900 年,由 12 名著名高校校长联合创办,目的在于规范中学教学大纲,使大学生招生建立统一标准。

大学入学考试委员会的工作主要从两方面着手:一是考试的创办与提倡,美国现有大型考试 SAT(Scholastic Assessment Test)、AT(Achievement Test)、AP(Advanced Placement)等考试就是在大学入学考试委员会的提倡下发展起来的。二是考试机构的监督,美国 SAT 等考试的开展受大学入学考试委员会的监督与管理。

2. 教育考试服务中心（The Education Testing Service）

教育考试服务中心是应对 SAT、GRE（Graduate Record Examination）等考试需求增加而建立的新型部门，成为当时全美唯一一个致力于教育测验与研究的教育考试机构。

教育考试服务中心主要负责以下两个任务：一是考试的管理与组织，二是考试分数的报告。

3. 美国高校测试中心（American College Testing Inc）

美国高校测试中心是为弥补 SAT 考试缺陷而设置的考试机构。众所周知，SAT 考试目的在于挖掘最具有学术潜力的学生，而对其他学生有所忽视。随着时间推移，越来越多的学生想进高校学习，加上高校自身也欲招收更多学生，于是美国高校测试中心随之建立。

美国高校测试中心主要负责以下两方面的工作：一是考试的管理与组织，二是考试分数的汇报。

二、考试类型

1. 学术评估考试（SAT）

SAT 考试创办于 1926 年，由 ETS 负责举办，目的是判断学生是否具备进入高校学习的知识与能力，测试学生的一般学习潜能。作为美国最重要的大学入学考试类型，SAT 的地位类似于中国高考。SAT 创办至今经历了 1993 年、2005 年两次大改革，成为现行 SAT 考试制度。

SAT 考试内容分为两部分。其一是 SAT Ⅰ，即通用考试——推理测验（Reasoning Test），包含数学推理、英语阅读以及写作三部分。其二是 SAT Ⅱ，即单科考试——专项测试（Subject Test），考试科目主要包括英语、文学、美国社会历史研究、欧洲历史与社会研究、数学、生物、化学、物理、法语、德语、希伯来语、拉丁语、俄语、西班牙语、汉语等。重点高校会要求三科 SAT Ⅱ成绩，而英语、数学大多为指定科目，另一科目学生自选。绝大多数高校申请只需提供 SAT Ⅰ成绩即可，只有个别院校和专业需提供 SAT Ⅱ成绩。

SAT 考试一年组织七次，考生可根据自身准备情况随时向相关单位申请考试。

2. 美国大学入学考试（ACT）

与 SAT 考试不同的是，ACT 考试除了注重考查学生的学术潜力以及知识能力外，还注重学生的中学成绩、兴趣爱好等。

ACT 考试包含两方面。一方面是学术考试，主要有英语、数学、阅读以及科学推理四个部分，题型全部为选择题。2001 年增加了写作部分，但是写作只是选考科目，不作硬性要求。另一方面是兴趣爱好等综合素质。ACT 考试由美国高校测试中心主办，一年组织五次，学生可以根据自身准备情况，向相关单位申请考试。

3. 美国大学预修课程（AP）

AP 课程针对中学生创设，学生可以在中学期间预先修习大学的某些课程，拿到相应等级，便可在进入大学后抵学分，免修相关课程。目前 AP 课程已被哈佛大学、耶鲁大学等大多数美国高校认可，成为大学招生的重要条件之一。

AP 考试内容目前已涵盖近 30 个学科。一般考生每次会选择参加 4~6 门课程的考试。

AP 考试与 SAT、ACT 考试不同，每年只有一次考试机会，安排在每年的 5 月份。AP 考试无年龄限制，高中生可以考，初中生也可以考。从考试人数分布上看，高一、高二的参考人数较多。

4. 学业成就测验（AT）

学业成就测验，由教育考试服务中心负责举办，主要是测验学生是否具备进入高校学习的能力，为高校招生提供参考和依据。

AT 考试内容与高中课程联系紧密，涉及 15 个学科。

考生不需要参加全部考试，而是根据自己大学预选专业，选择相关的学科考试，一般考生会选三科考试。

AT 考试每年组织六次，考生可根据自己的准备情况选择合适的时间参加考试，成绩不理想的考生可以多次参加考试，取成绩最高的一次。

三、招录方式

美国虽有 SAT、ACT、AP、AT 等多种考试类型，但美国高校的招录条件并非仅限于考试成绩，而是结合考生的高中成绩、兴趣等，形成多元化的招录标准。具体包含 SAT、ACT、AP、AT 等形式的入学考试成绩，高中课程证明，高中离校考试班级排名，推荐信，面试，论文或作品，个人资料及兴趣特长，种族条件等。

在美国，高校有很大的招生自主权，不同层次的高校对考生的招录标准不同。美国高校分三个层次：研究型大学、四年制大学或学院以及两年制学院，分别实行不同性质的招生政策。研究型大学实行竞争性入学，四年制大学或学院实行达标性入学，两年制学院开放性入学。

1. 研究型大学——竞争性招生

这一类招生政策体现出低录取率的特点，一般在 5∶1 到 15∶1 之间；入学考试成绩要求严格，SAT I成绩总分要达到 3 480 分左右，ACT 成绩要达到 22 分以上，AP 成绩要达到 4~5 分才能免修大学课程等。高中课程方面，要修读英语、数学、科学、历史以及社会等，并且英语、数学至少修习三年，历史、科学、外语至少修习两年；高中成绩的平均绩点要达到 3.0 以上等。

2. 四年制大学或学院——达标性招生

这个层次的高校一般要求学生提供毕业证明以及高中成绩。多半学校要求入学考试成绩达标，SAT I 中语文和数学成绩总分不少于 1 000 分，或者 ACT 成绩不少于 20 分。

3. 两年制学院——开放性招生

这类学校招生条件一般较低，甚至有学校不需要入学考试成绩，只需要提供高中毕业证明即可。开放性招生几乎面向所有考生，对考生要求较低。

不同层次的高校对考生要求不同，入学考试成绩也不是唯一的考量标准，但是入学考试成绩作为公平衡量考生素质的手段必不可少，在高校招录工作中起着不可替代的作用。

第二节 美国的高中课程

尽管美国的高中学制因州而不同，有三年、四年或五年不等，但是高校入学申请时同样考查高中受教育情况，即学生 9 到 12 年级的成绩和表现。因此，若从我们对高中教育的一般理解来看，美国高中教育可视作四年制。通常在第四年，学生一般主要准备申请大学和等待大学入学通知，真正的高中生活实际上只有三年时间。因此本节主要介绍美国高中课程目标、课程体系和课程实施，同时也为下一节探讨美国高中如何对学生进行指导做铺垫。

一、课程目标

课程目标是人才培养的方向。美国高中课程目标则根据美国历史发展以及美国社会对人才的需要而设定。不同时期的课程目标有所变化。

1. 美国高中课程目标发展历史

美国每一次的课程改革给课程目标所带来的变化，都进一步推动了美国课程目标的统一，并为各州目标的确定制定了基本的要求。美国是世界上较早采用单轨制教育的国家，也就是说，它的教育体系中，高中段没有普通高中和职业高中分离的设计，因而高中教育的目标极具包容性。高中特别强调"升学、就业、全人"三维目标的平衡,力求实现高中为"今后的继续教育做准备,为未来生活做准备,培养完全人格的人"的教育功能。但不管是国家还是各州,都始终把提高学业标准的基本核心课程标准作为高中课程设置的核心内容,即重点提高数学能力、自然科学、语言文学和阅读能力等。因此,总结起来,美国高中的培养目标可简化为:(ⅰ)培养基本的生存能力基础,形成健康的生活理念,锻炼出健康的体魄;(ⅱ)了解社会基本生活法则,认识自己的周边生存环境及世界发展状况;(ⅲ)培养独立生活及动手能力,获得生存技巧;(ⅳ)综合素质培养,既有理论修养又有实际能力,以及开拓精神。

2. 美国高中课程目标管理者

美国的教育历来是地方分权,不存在全国统一的标准。那么在课程目标的设定过程中,联邦政府、州政府、学区以及学校的要求如何分配,对于课程目标最后的确定非常关键。美国有 50 个州,联邦政府和教育部对具体学校的课程管理只做宏观要求,用最低的全国性课程标准进行力所能及的约束,对具体学校课程设置与管理真正产生影响的是各州教育委员会和学区教育委员会,因为是它们直接决定了辖区范围内的学校教学内容和对学生的学习要求。更具体地说,学校 90% 以上的课程是由州教育委员会和学区教育委员会确定,因为学校 90% 以上的财政拨款来自于前述二者。据统计,平均而言,州政府、学区和联邦政府分别占学校资金来源的 49%、44% 和 6%。除此之外,在学校内部,学科教师和学科领导享有一定限度的课程开发权,具体见图 4-1。因此,不同的州、不同的学区、不同的学校课程目标都不尽相同。

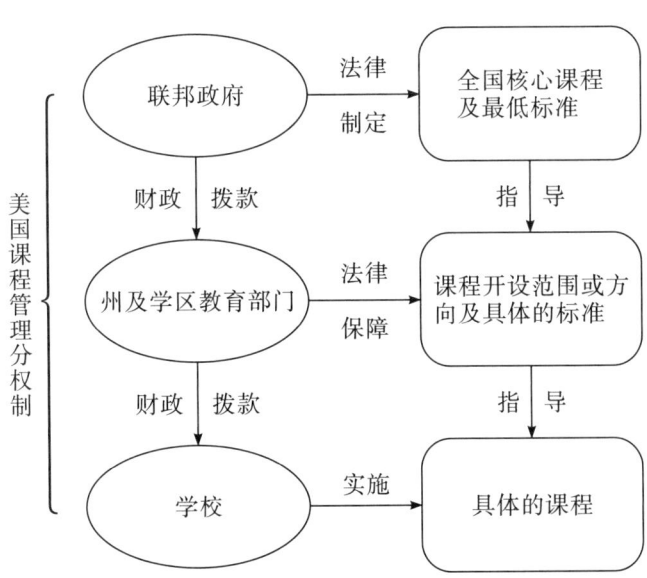

图 4-1　美国高中课程管理分权制

二、课程体系

进入 21 世纪以来,美国教育课程内容的设置逐步强调培养学生的学术能力和课程的学术性、统一性,既要为高等教育的发展服务,又要为学生的就业和生活做准备。在这一目标下,美国的课程总结起来由必修课程、选修课程和各种活动课程构成。

1. 必修课程:核心课程

必修课程又称核心课程。其含义是使学生掌握必需的基础知识和必备的基本技能,从而形成综合的知识结构与框架。1994 年美国制定了国家核心课程标准,虽然每个州的开设名称有区别,每个州的综合高中都贯彻这一基本要求。核心课程包括英语、数学、人文科学、自然科学、体育。在每一门必修的学科中都开设不同水平、不同名目的课程,一般有基本水平、一般水平、先进水平和高级水平等。学生可以根据自己的基础、学习能力和需要,在这些学科中分别选择不同的水平,如英语选择一般水平,数学选择基本水平,物理、化学选择先进水平或高级水平,而不是各个学科都选择同一水平,这就适应了学生水平不等的实际情况,避免了"一刀切"可能产生的弊端。

2. 选修课程

选修课程涉及面比较广,丰富了美国中学的显著特征,充分满足学生的兴趣、志向,能够培养专业技能、促进个性发展,并开拓他们的视野。在毕业的时候学生也必须累积到一定学分,但是没有必修课程那么多,所以不需要每年都选。但各州、各学区、各学校的选修课程也非常丰富。据美国劳工统计局 2008 年的初步统计,美国中学开设的选修课达 200 多门。在这些选修课程中,最具特色的是高中与大学的衔接课程,代表性的选修课程包括:AP 课程、IB 课、DE 课程。

AP 课程又称"大学预修课程",旨在向学有余力的高中生提供大学初级水平的课程。

IB 课程也称"国际入学预科证书课程",发端于 20 世纪 60 年代,是国际学校的高级阶段和世界联合学院以及其他国际学校提供的针对 16~18 岁青少年中等教育高级水平的课程体系,也是世界范围内 30 多个国家高等教育入学的资格。IB 课程以学术性为取向,考试费用昂贵,因此受益的多是家庭经济背景较好的优秀学生。

DE 课程又称"高中—大学双学分"课程,发端于 20 世纪 70 年代,是指高中生既可以在高中,也可以在大学或社区技术学院里修习大学教学大纲所要求的课程。

由于美国高中学生的升级和毕业都是学分制管理，都要求达到规定的学分。同时，学校都要对额定学分的课程来源进行明确的限制，比如在毕业要求的总学分中规定必修哪些课程、必修多长时间。这种限制基本限定了高中4年间必修课程与选修课程之间的比例，大致为4∶1，从而保证了学分制管理下的各州各学区高中毕业生的基本知识结构，避免了学生用时髦易学的选修课程来取代基本的核心课程和难度更高的高级课程现象。从这一点上来看，一个学生高中4年的学习内容基本上是以必修课程为主，以选修课程为辅；即使是在选修课程范围内，学生的选课也是和课程学习指导老师讨论的结果，其中还要倾听来自家长的声音。因此，美国高中的课程选择，有一定灵活性，也有一定的限定，需要根据具体情况合理选择，需要"学生指导"。

三、课程实施

美国的课程是开放式的，没有统一的课程与教材，没有硬性的课程时长规定，更没有硬性的课程实施方式。国家或州政府的课程标准只对学校的核心课程进行指定，学校教师可以自行选定具体的课程内容。课程实施的过程是自由开放的，没有固定的课程组织形式，课程时长根据实际教学需要弹性设置。在美国，除了通过核心科目的课堂教学保证课程实施外，几乎所有学校都会通过设置选修课和课外活动课，以实现课程实施的多样化。

第三节　美国的学校指导

根据美国的国情以及美国的历史发展，可以发现，美国的高考方略以及高中课程设置与我国有很大不同。从高考方略来看，学生有很多可选择的路；从课程体系来看，所有课程都可以看作是"选修课"，学生根据自身情况选择最适合自己的"高中课程菜单"。由此可以发现，美国学校非常重视学生的个性化成长，强调学生作为整体性的人的存在。基于这个目的，美国综合高中非常注重"学生指导"工作，强调学校的指导职能，并且有一套非常制度化和专业化的指导体系。因此，本节主要介绍美国著名的全方位指导项目——美国学校指导项目，然后以密苏里州为例，详细介绍密苏里州的"学校综合指导项目"（高中阶段）的具体内容，以求给我国普通高中的学生指导建设提供一定的启发。

一、美国全方位指导项目

20 世纪 70 年代，美国密苏里大学诺曼·吉斯伯斯教授提出了全方位学校指导项目（Comprehensive School Guidance Program，CSGP）。该项目的核心思想是，把学生指导工作提升到与教学工作同等重要的地位，从而使指导与教学、管理一起成为现代学校的三大职能，并突出指导教师在学校教育中的地位和作用，明确规定指导教师的工作职责和内容。为此，他提出了两种传输系统的观点：学校教育存在教学和指导两个并重的、相互联系的教育系统。这两个系统既有各自独立又有相互重叠的部分。教学系统主要通过课程教学对学生进行知识与能力的教育，其内容包括基本学科和职业准备，指导系统则着重培养学生良好个性品质和适应社会的能力，其内容包括自我认知和人际关系、生活角色、环境和事件以及生涯规划。教学系统和指导系统既有分工，又有协作，二者相辅相成，缺一不可。后来经过多次修改和完善，全方位指导项目由于其不可代替的优越性而逐渐取代传统的"以职位为中心"和"以服务为中心"两种指导模式。

（一）全方位学校指导项目的由来

全方位学校指导项目是在"以职业为中心"和"以服务为中心"两种模式的基础上，不断完善发展起来的。"以职位为中心"的指导模式主要帮助学生找到适合的工作，学生指导工作只是学校的一种辅助性服务工作。"以服务为中心"的指导模式的服务对象仅限少数特殊学生，即仅对在校学生遭遇的各种危机与问题加以重点关注与指导。但随着时间的推移，无论是"以职位为中心"的指导模式，还是"以服务为中心"的指导模式，都暴露出弊端。"以职位为中心"的指导模式过分强调职位，"以服务为中心"的指导模式过分强调一对一的指导服务。因此，改革势在必行。

为此，20 世纪 60 年代末，吉斯伯斯博士开展了一项关于学生指导工作的研究项目。1971 年，美国教育部拨专款授权吉斯伯斯领导其团队帮助全美 50 个州及首都华盛顿哥伦比亚特区与波多黎各自治邦的当地学校创立一种新的模式，实施学校职业指导、心理咨询与就业安置等工作。1972 年 2 月，吉斯伯斯团队开发出了一本手册，用以指导各州学校学生指导工作。手册第一次详尽地描述了全方位学校指导项目，宣告了全方位学校指导模式的正式诞生。后来经过不断的实验和修改，此模式逐渐完善并发挥其价值，如今已广泛用于美国各州，甚至世界其他国家。

（二）全方位学校指导模式的主要内容

吉斯伯斯指出，在美国大多数州学区实施的全方位学校指导模式主要由四个要素组成，如图4-2所示。

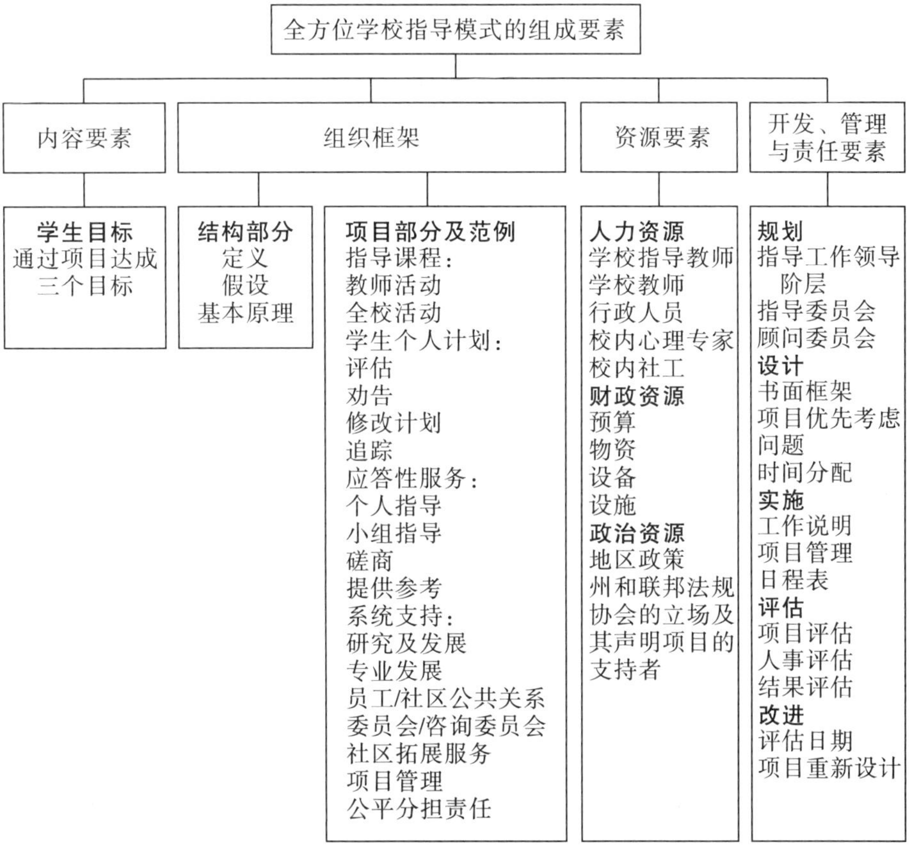

```
                    全方位学校指导模式的组成要素
        ┌──────────────┬──────────────┬──────────────┐
     内容要素         组织框架         资源要素      开发、管理
                                                    与责任要素
```

内容要素	组织框架		资源要素	开发、管理与责任要素
学生目标 通过项目达成三个目标	**结构部分** 定义 假设 基本原理	**项目部分及范例** 指导课程： 教师活动 全校活动 学生个人计划： 评估 劝告 修改计划 追踪 应答性服务： 个人指导 小组指导 磋商 提供参考 系统支持： 研究及发展 专业发展 员工/社区公共关系 委员会/咨询委员会 社区拓展服务 项目管理 公平分担责任	**人力资源** 学校指导教师 学校教师 行政人员 校内心理专家 校内社工 **财政资源** 预算 物资 设备 设施 **政治资源** 地区政策 州和联邦法规 协会的立场及其声明项目的支持者	**规划** 指导工作领导阶层 指导委员会 顾问委员会 **设计** 书面框架 项目优先考虑问题 时间分配 **实施** 工作说明 项目管理 日程表 **评估** 项目评估 人事评估 结果评估 **改进** 评估日期 项目重新设计

图4-2 全方位学校指导的组织要素

1. 内容要素

明确学生通过参与全方位学校指导项目将会达成三个目标：第一，自我认知与人际交往能力的目标；第二，生活角色、环境和事件的目标；第三，生涯规划目标。

2. 组织框架

组织框架由两部分构成：结构部分、项目部分及范例。结构部分是指学校对指导工作进行有计划的行政管理，包括确定指导工作的中心地位，明确指导的对象、总目标与意义，界定指导以及指导与其他教育课程之间的关系；提供指导工作所需的物质条件并对有关人员的活动进行组织与协调等。

项目部分及范例是指学校制订的指导工作计划，具体包括四个部分：指导课程、学生个人计划、应答性服务和系统支持。

3. 资源要素

全方位学校指导项目中的资源要素包括人力资源、财政资源和政治资源三个部分。

4. 开发、管理与责任要素

该要素包含规划设计、实施评估和改进等几个步骤。

（三）全方位学校指导项目的组织实施

全方位学校指导项目的实施人员包括学校指导教师、各科教师、管理者、校内心理专家、家长、校内社工和小区成员等。指导教师负责提供服务并协调这个计划的运作，要使计划成功实施，他们必须发动教师与管理者参与、合作和支持。为获得各方面支持和参与，可以成立一个由各方面人员组成的学校—社区顾问委员会，专门为指导教师和有关人员提供建议和支持。指导教师和各科教师共同设计工作计划和指导课程，将指导工作与各科教学结合起来，并渗透到具体的学科内容中，使教师在教学活动中进行指导工作，同时及时得到指导教师的指导。一个完整的全方位指导计划通常包括制订计划、培训人员、宣传计划、评估计划、评估教育需求、设计指导课程、总结评估七个步骤，各步骤的具体内容如下：

步骤一：引介全方位学校指导项目，帮助教师和管理者理解指导计划的要求和实施计划的意义，消除可能存在的抵制态度和行为。

步骤二：开展在职培训，使教师和管理人员了解全方位学校指导项目的目的与实施要求。

步骤三：采取讲座、家长会等形式，利用各种宣传媒体向学生、家长和社区宣传指导计划，争取社会各方面对实施计划的支持。

步骤四：对现在的指导计划进行全面的评估，了解教育资源的使用情况，评估指导教师的时间安排和工作负担。

步骤五：评价学校指导工作，通过对学生、家长和教师的调查，了解指导工作的重点。将通过评价获得的信息作为制订和调整指导计划的依据。

步骤六：设计指导课程，指导课程的设计包括确定教学内容、教学手段、教学时间和教学要求。指导课程的安排应与各科教学有机结合，统筹兼顾，避免与其他课程教学活动发生冲突。学校应合理安排教师的工作时间，保证教师在指导课程上投入必要的时间与精力。

步骤七：指导计划的总结性评估，以学年为周期对学生身心发展、适应能力的提高、指导教师的工作表现以及学校指导计划的实施成效进行客观评价。

（四）全方位学校指导项目的影响

全方位学校指导项目把学校的指导地位提升到与教学工作同等重要的地位，改变了学生指导工作只是学校中的一种辅助性服务工作的局面，使其成为与教学、管理同等重要的工作，并成为和教学、管理并重的现代学校三大职能之一，极大地提升了指导工作在学校中的地位。另外，全方位学校指导项目又能够确保每一个学生都有均等的机会接受系统性、综合性的指导，掌握相关知识和技能。至 20 世纪末，美国超过一半的中小学已开始采用此模式来开展学校的指导工作，该模式现已成为全美中小学学生指导工作的主要模式。

二、美国学校指导项目

自 20 世纪以来，美国学生指导与咨询的专业机构不断发展，主要有美国指导协会（ACA）、美国学校指导师协会（ASCA）以及美国指导者教育与督导协会（ACES）。这些机构与组织的工作，都旨在使学校指导与咨询向更加专业的方向发展，同时也提供专业指导与咨询者的认证服务。1997 年，美国学校指导师协会制定了美国学校指导项目的框架体系，并创立了国家标准，以更好地界定学校咨询在美国教育系统中的作用。

（一）美国学校指导项目的体系

学校指导师设计和提供综合的学校指导项目，其目的是促进学生的成长。这些项目的范围是全面的，在设计方面是有预见性的，本质上是发展性的。ASCA 国家模型是学校指导项目的一个体系，"概述了一个综合性的学校指导项目的组成部分"。该模型为学校指导师带来了愿景和期盼。

综合的学校指导项目是学校学业任务的重要组成部分。学生数据推动着综合性的学校辅导项目，并以学业标准、生涯和社会/情感发展为基础，来促进和提高所有学生的学习过程。ASCA 国家模型包括以下内容：为全体学生提供平等的机会接受严谨的教育；基础教育 12 年的综合辅导项目要求所有学生都掌握基础的知识和技能；以系统的方式向所有学生传递知识；基于数据驱动来决策；由国家认证的学校指导师提供。

学校指导师将他们的技能、时间和精力直接或间接地服务于他们的学生。为了实现项目的最大效率，美国学校指导师协会建议学校的指导师与学生的比例是1∶250。综合学校指导项目框架由四部分组成：基础、管理系统、服务运送系统和绩效责任系统。

1. 基础

在该体系中，基础是整个体系的价值哲学观，即说明该体系重点关注的是学生的成果和学生能力。学校指导师要确定个人信念，指导所有学生如何从学校指导项目中受益。在这些信念的基础上，学校指导师创建了一个愿景，陈述学生的未来成就会是什么样。

2. 管理系统

该系统主要管理项目的运行，能够具体、清晰地描述和反映学生的需求；完成评价工作、年度协议制定、咨询委员会协调工作、数据的整理与库存、课程的设置管理；积极鼓励学生、教师、家长等一起参与学校指导项目，共同促进学生的发展。

3. 服务运送系统

服务运送系统主要构成人员为学校指导师。学校指导师就是为学生、家长、学校教师及社区直接或者间接地提供服务。

4. 绩效责任系统

在可衡量的范围内，为了证明学校指导项目的有效性，学校指导师通过分析学校和学校指导项目的数据来确定学校的指导项目是如何让学生们有所不同的。学校指导师使用数据来说明学校指导项目对学生成就、考勤和行为的影响，并分析指导项目评估对指导未来的行动和提高所有学生的未来成就的影响。

（二）学校指导项目的国家标准

1997年，美国学校指导师协会颁布了《学校指导项目的国家标准》。这份标准浓缩了欧美国家尤其是美国学校指导的一些最基本的思想、原则和态度，已经成为美国及其他一些国家和地区学校指导工作的指南。

《学校指导项目的国家标准》正文由四部分组成：第一部分"行动呼吁"，对"学校指导项目的国家标准"进行了界定，并说明了ASCA制定学校指导项目的国家标准的必要性；第二部分"美国学校学生指导"，对美国学校学生指导的历史与现状进行阐述，并对学校指导项目做出界定；第三部分"学校指导项目的国家标准",列举学业、职业、个人/社会发展领域的标准;第四部分"启动"。每个州及学校在实施学校指导项目时需要遵守以上四个标准。

三、美国密苏里州学校全方位指导项目

笔者于2017年8月到2018年3月期间,作为华南师范大学的访问学者,在密苏里州的密苏里大学教育学院咨询心理系访学,其间走访了不同层次和不同类型的学校,包括小学、初中、高中,重点在高中学校,并参加了密苏里州学校指导师协会举办的年会。笔者发现,密苏里州高度重视学生指导工作而且卓有成效。因此,下面将简单介绍密苏里州的"知识深度"模式。密苏里州采用了诺曼·吉斯伯斯的"知识深度"模式(depth of knowledge, DOK)。知识深度分为四级,分别为:

Level 1:回忆或呈现;

Level 2:基本技能和概念;

Level 3:策略性思考和推理;

Level 4:扩展性思考。

下面主要介绍高中阶段(9~12年级)学生指导内容,包括三个方面:社会/情感发展、学业发展和生涯发展,即学校指导师需要对学生这三个方面进行指导。这三个方面在不同的年级需要发展到的深度都不一样,即指导师需要根据级数标准(GLE 为级数水平期望)对学生进行指导,详见表4-1、表4-2和表4-3。

表4-1 社会/情感发展期望

第一大生涯目标:SE 理解自我作为一个个体,作为不同的地方和全球社区的一员				
概念	GLE-9年级	GLE-10年级	GLE-11年级	GLE-12年级
A. 自我概念	培养保持积极自我概念所需的技能 DOK:Level 2	运用必要的技能展示和保持积极的自我概念 DOK:Level 3	练习和修改所必需展示的技能并保持积极的自我概念 DOK:Level 3	利用要展示的必要技能和保持一个终身积极的自我概念 DOK:Level 4

续上表

概念	GLE-9年级	GLE-10年级	GLE-11年级	GLE-12年级
B. 平衡生活角色	认识到个体学生在家庭、学校和当地社区中增加的角色和责任 DOK：Level 2	为了平衡家庭、学校、工作和当地社区，优先考虑角色和责任以及实施策略 DOK：Level 3	确定并利用资源帮助平衡家庭、学校、工作和当地社区的角色 DOK：Level 3	能够平衡个人、家庭、学校、社区和工作角色 DOK：Level 4
C. 作为多样化的全球社区的贡献成员	找出个别学生可能参与的活动，并让学生成为学校社区的一员 DOK：Level 2	识别并参与一些活动，帮助学生成为全球社区的一员 DOK：Level 3	建立帮助个性化的学生成为全球社区贡献成员的活动和经验 DOK：Level 3	展示一个多元化社区中有贡献的成员的个人特征 DOK：Level 4
第二大生涯目标：SE 2 以尊重个人和群体差异的方式与他人交流				
A. 质量人际关系	证明需要运用人际关系技巧来维持良好的人际关系 DOK：Level 2	练习人际交往技巧，以维持良好的人际关系 DOK：Level 3	运用人际交往技巧来维持良好的人际关系 DOK：Level 3	具备良好的人际关系技巧 DOK：Level 4
B. 尊重自己和他人	探索社区内的文化认同和世界观 DOK：Level 2	在全球化的背景下促进接受和尊重文化差异性 DOK：Level 3	尊重不同的文化和观点 DOK：Level 4	提倡尊重个人和团体 DOK：Level 4
C. 个人责任关系	识别冲突情况下的个人责任，同时继续运用解决问题和解决冲突的技巧 DOK：Level 3	自我评估个人解决问题和解决冲突的能力，以加强与他人的关系 DOK：Level 3	在冲突中承担个人责任 DOK：Level 4	在人际关系中运用并承担个人责任 DOK：Level 4

续上表

第三大生涯目标：SE 3 运用个人安全技巧和应对策略				
概念	GLE – 9 年级	GLE – 10 年级	GLE – 11 年级	GLE – 12 年级
A. 安全的和健康的选择	找出解决问题、做决定和拒绝的技巧，以做出安全和健康的生活选择 DOK：Level 2	运用决策技巧来评估冒险行为 DOK：Level 3	分析个人决策对自己和他人的安全和健康的影响 DOK：Level 4	运用决策技巧来做出安全和健康的生活选择 DOK：Level 4
B. 个人和他人的安全	识别并利用现有的资源来解决个人安全问题 DOK：Level 2	评估和审查解决个人安全问题的资源 DOK：Level 3	向所有学生展示提供一个安全环境的技能 DOK：Level 4	倡导个人和他人的安全 DOK：Level 4
C. 应对技能	确定可以帮助管理生活变化或事件的资源 DOK：Level 2	分析和完善个人应对技巧，以管理改变人生的事件 DOK：Level 3	运用个人应对技巧来管理改变人生的事件 DOK：Level 3	展示应对技巧来管理改变人生的事件 DOK：Level 4

表 4–2　学业发展期望

第四大生涯目标：AD 4 教育成就所需应用的技能				
概念	GLE – 9 年级	GLE – 10 年级	GLE – 11 年级	GLE – 12 年级
A. 提高学术自我观念，促进终身学习	回顾及加强教育技巧，以达至终身学习的目标 DOK：Level 3	评估和应用必要的教育技能，以达到个人终身学习的目标 DOK：Level 4	持续地利用必要的教育技能，以达到个人终身学习的目标 DOK：Level 3	达到和维持持续的个人终身学习目标所必需的教育水平 DOK：Level 4
B. 终身学习的自我管理	回顾和建立自我管理制度，并调整不断增长的学术需求 DOK：Level 4	评估和应用自我管理系统以满足日益增长的学术需求 DOK：Level 4	持续使用自我管理系统，以适应不断增长的学术需求 DOK：Level 4	展示自我管理能力，这是教育成就所必需的 DOK：Level 2

续上表

第五大生涯目标：AD 5 运用在不同教育水平之间转变的技能				
概念	GLE－9 年级	GLE－10 年级	GLE－11 年级	GLE－12 年级
A. 转变	运用必要的信息和技能转化进入高中学校 DOK：Level 3	自我评估和应用信息，以扩大在高中学校选择和高中之后选择之间关系的认识 DOK：Level 4	增加知识和完善技能，为高四和毕业以后选择做准备 DOK：Level 3	利用必要的成就和表现技能转换到以后的选择上 DOK：Level 2
第六大生涯目标：AD 6 制订和监督个人学习计划				
A. 终身学习的个人学习计划	监督和修改个人学习计划 DOK：Level 3	探索可获得的选择和资源，以进一步制订个人终身学习计划 DOK：Level 3	评估和修改个人终身学习计划 DOK：Level 3	应用资讯修订及实施终身学习所必需的个人学习计划 DOK：Level 4

表 4－3 生涯发展期望

第七大生涯目标：CD 7 运用生涯探索和规划技能实现人生生涯目标				
概念	GLE－9 年级	GLE－10 年级	GLE－11 年级	GLE－12 年级
A. 将自我知识融入生活和生涯规划	将目前的优势和局限性与个人的生涯和教育计划进行比较，并根据需要调整计划 DOK：Level 3	重新审视当前的生涯和教育计划，因为它涉及发展和/或新的兴趣、优势和限制 DOK：Level 3	分析实现当前生涯目标所需要的教育、培训和个人特点，并将这些特点与自己的特点进行比较 DOK：Level 4	利用工作领域的知识、个人利益，以及根据自己的优势和局限性去制订短期和长期的毕业后的计划 DOK：Level 4
B. 适应工作和技术的变化	在六个生涯路径内认识十六个生涯集群，为现在和将来的生涯探索和准备 DOK：Level 2	评估各种资源，以帮助当前和未来的生涯探索和规划 DOK：Level 3	利用各种资源来帮助生涯探索和规划 DOK：Level 3	随着工作和技术的变化，利用生涯探索和计划的知识来适应新的生涯和教育机会 DOK：Level 4

续上表

概念	GLE-9年级	GLE-10年级	GLE-11年级	GLE-12年级
C. 尊重所有的工作	分析和评估学校和社区对个人生涯和教育计划的贡献 DOK：Level 4	分析和评估学校和社区对生涯目标的贡献 DOK：Level 4	确定个人对工作做出贡献的价值，这是一个人生涯选择的结果 DOK：Level 3	尊重所有工作，视其为维护全球社会的重要、有价值和必要 DOK：Level 4
第八大生涯目标：CD 8 了解在哪里以及如何获得关于工作和毕业以后的教育或培训				
A. 生涯决策	将生涯和教育信息与自我和生涯集群的知识相结合，以确定感兴趣的职业 DOK：Level 4	分析生涯和教育信息，为特定的生涯选择确定最相关的资源 DOK：Level 4	综合从各种来源收集的生涯和教育信息 DOK：Level 4	利用生涯和教育信息进行生涯决策 DOK：Level 4
B. 教育和生涯要求	确定高中毕业后大学选择的入学要求和申请程序 DOK：Level 2	运用自己的知识对高中毕业后的选择做出明智的决定 DOK：Level 4	运用研究技巧，获取有关高中后选择的培训和教育要求的信息 DOK：Level 4	了解和理解对于高中毕业后以及人生生涯目标的训练和教育水平 DOK：Level 4
第九大生涯目标：CD 9 运用技能进行生涯准备				
A. 职业成功的个人技能	确定在学校或工作环境中会危及道德习惯的情况 DOK：Level 3	确定可以用于解决与学校或工作环境相关的道德问题的步骤 DOK：Level 3	证明可用于解决与学校或工作环境相关的道德问题的步骤 DOK：Level 3	运用有助于工作成功的个人、道德和工作习惯技能 DOK：Level 4
B. 找工作的技能	确定并完善申请社区志愿者或兼职工作所需的求职技能 DOK：Level 3	比较和对比高中毕业后申请过程与工作申请过程 DOK：Level 3	完善和利用一个投资组合，可以用于高中毕业后的各种机会 DOK：Level 3	运用适当的求职技巧来获得工作 DOK：Level 4

注：表4-1、表4-2和表4-3的内容来自 https://dese.mo.gov/college-career-readiness/school-counseling/curriculum/high-school-unit-and-lesson-plans。

第五章 中国台湾

第一节 台湾的高考方略

一、台湾高考制度的确立

台湾的教育阶段大致分为：3 年幼稚园、6 年小学、3 年初级中学、3 年高级中学或 3 年高级职业学校、5 年大专、4 年普通大学、2 年硕士、4 年博士。其中，高中教育主要有三种类型，分别是普通型高中、技术型高中、综合型高中。在经历高中教育阶段后，台湾学子们需要通过高考进入大学。

20 世纪 50 年代，台湾确立了高考制度。随着适龄入学人口的增加，社会对高等教育的需求在不断增加。同时期，台湾的高等教育逐渐进入"扩招"阶段，台湾的大专院校陆续增多，1949 年前仅有 5 所大专学校，而 1955 年大专高校达 15 所，具体而言，1951 年，国民党为普及高等教育，台湾教育事务主管部门除了下令允许高校扩招之外，还颁布了"专科以上学校招生办法"，对于考试经费、考试科目、考生要求都做了相应要求。教育事务主管部门的大力支持、高校的扩招，使台湾在 20 世纪 50 年代的升学率高达 60%。其后，随着政权的稳定，1954 年，教育事务主管部门颁布了联考制度。同年，台湾大学、台湾师范大学等 4 所大学首次举行联合招生考试。随着时间的推移，联考制度的弊端逐渐显露，最终于 2001 年被废止。取而代之的是 2002 年兴起的大学入学多元化方案。

二、目前台湾高考方式及内容

（一）大学入学渠道

台湾并没有"高考"这个词语，但是与大陆类似的地方在于有类似于"高考"的制度，这就是 2002 年推进行"多元入学考试"。台湾的大学入学渠道有两种，分别为甄选入学和考试分发入学，其中甄选入学又分学校推荐和学生个人申请两种方式。学校推荐是指各校根据各院系的标准推荐满足相应条件的应届毕业生，通常而言，每所高中大致有 2~3 个推荐名额。个人申请是学生满足大学入学资格，即可结合自己的兴趣向大学投递自己的入学申请书，每位学生最多可以向 5 所大学投递申请书。考试分发入学，是台湾高中生考进大学的主要渠道，每年参考的人数占全部高中生的 75% 左右。随着考试人数的增多，考试中心为了提高效率，2004 年出台了一个新的考试分发入学方案，方案规定私立高中或公立高中（职）毕业生及具有同等学力的人员都可以报考大学，报名方式以登记式为主。

（二）台湾高考方式及内容

与大陆类似，台湾的高中也有"文理"分科之说。在台湾，高中生在高一升高二时，会分为社会组和自然组。社会组（又称第一类组）的学习科目包括文、法、商，相当于大陆的文科；自然组的学习科目包括理、工、医、农，相当于大陆的理科，其又被分为第二类组与多一科生物的第三类组。大部分女生会选第一、三类组，男生则多会选第二、三类组。社会组与自然组的选择不同，其后升学考试也会不同。

在台湾，升入大学的考试有两次，一次是要求学生通过大学学科能力测验（类似于大陆高中的会考），简称学测，根据此测验成绩可申请普通大学或四年制技职院校；另外一次是要求学生通过大学指定科目考试，简称指考，以此成绩可申请进入普通大学或技职院校。两次考试的时间分别是每年的 1 月底或 2 月初，以及每年的 7 月。

学科能力测试的试题由相关机构进行统一命题，试题按照高一和高二必修课的课程标准制定，其内容来源也主要是高一和高二的必修课。台湾的"指考"是为了考试分发入学实行的，它根据学生的分组确定相应的考试科目。其中，社会组和自然组都必考的科目有语文、数学和英语，社会组需要加考历史和地理，自然组需要加考物理、化学和生物。考试的目标在于检测学生的基础学科知识和能力，试题的命题标准以高一至高三课程的标准为参照，题型以选择题（单选题和多选题）为主，题量大致为 60~80 小题，最终的成绩以百分制来显示。此外，还有术科考试，这主要是针对音乐、美术和体育等艺术特长生的考试，由"台湾大学招生委员会联合会"委托专责单位负责，考试的范围主要是音乐、美术、体育、舞蹈、戏剧等，考试时间大致为 3 月中旬前。

总之，高中生升学都必须要参加大学学科能力测验。学科能力测验是学生参加甄选入学考试的必经之路，测验达标的学生才能参加第二阶段由大学自己组织的甄试（甄试包括笔试、面试和口试等内容）。当然，甄试没过的学生之后还可再参加大学指定科目考试，类似于大陆的自主招生。

三、台湾高考制度特点分析

（一）普及大众

随着学生基数变大，学校开始实施扩招政策。学校不再以一张试卷、一次考试评定学生，不再以分数为唯一考核标准，这使得"招考分离"和"自主招生"得以实现，从而使高考更加公平、更加大众化。以 2017 学年为例，初中毕业生人数达 236 042 人，升学者为 235 528 人，升学率高达 99.78%；而高级中等学校普通科及综合高中毕业生达 110 793 人，升学者为 106 311 人，升学率为 95.95%；专业群科毕业生 98 425 人，升学者为 78 003，升学率为 79.25%。由此可见，台湾地区，学生基数大，升学率高，教育具有明显的大众化特征。

（二）适性扬才

基于高中教育的普及化、十二年基本教育的宗旨及高中阶段的人才培养目标，高中学生应该为生涯定向及职业生涯做相关准备。社会经济迅速发展，市场变化万千，这要求人才培养应该与时俱进，尊重学生差异，更加重视或强调学生的适性发展，使学生能够发挥自己的优势。迄今为止，台湾高中教育阶段各类型学校具备各种各样的课程设计和各领域科目，以供学生选择，使学生能够结合自己的兴趣、性格和特长等获得自发、适性发展。

（三）多元入学

随着教育的普及化，高中生数量急剧上升，台湾地区改变了以往"一考定终身"的模式，选取了"以免试入学为主，以特色招生为辅"的招生方式，这使学生进入大学的渠道、方式更加灵活多样。而且为了适应学生的个性发展，教育事务主管部门成立了不同类型的大学以供学生选择，满足学生的不同需求。例如，如果是从技术型高中毕业的学生，可以选择 5 年制的职高教育，培养、发展其职业知识和技能；如果是从普通型高级中等学校毕业的学生，则可以以考取普通大学为目标，进入大学发展自己的学术等方面的能力。故统一招生、统一分发、统一考试的形式早已被多元化考试所取代，学生拥有更多的自主权和选择权。

第二节　台湾的高中课程

一、课程理念及目标

（一）课程理念

面对网络及资讯科技的快速发展，新兴事物不断出现，社会不断进步，学校教育也需要跟上时代的变化，这乃潮流所趋。为此，教育事务主管部门提出，台湾中小学九年一贯课程、普通型高中 99 课纲及技术型高中课纲（2014 年修订），都需要进行调整。教育事务主管部门于 2015 年 11 月 28 日发布了十二年基本教育课程纲要总纲（以下简称《总纲》）。

每个人都是独特的个体，教育的目的就在于挖掘人的潜能。据此，《总纲》提出"自发、互动、共好"的课程理念，强调开发学习者的自主学习能力；学校应该善于激发学生的学习动机，加强学生与自我及外部世界的各种互动能力，协助学生应用所学知识领悟生命真谛，进而为社会与自然做贡献，从而更好地发展和生活。同时，《总纲》还提出"成就每一个孩子——适性扬才、终身学习"的课程愿景。

（二）课程目标

在以上课程理念的指引下，《总纲》指定了以下课程目标。

（1）启发生命潜能。激发动机，培养学生的好奇心、探索力、思考力、判断力与行动力。学生以积极的态度、持续的动力进行探索与学习，从而感受学习的喜悦，增益自我价值感，进而激发更多的生命潜能，达到健康且均衡的全面发展。

（2）陶养生活知能。培养基本知能，能够在生活中应用所学知识，将理论与实践相结合，手脑并用解决问题；能善于沟通与表达，重视人际交流、团队合作、社会互动，以便能适应社会生活，进而勇于创新，展现科技应用与生活美学的涵养。

（3）促进生涯发展。引导学生适性发展、各展所长，教会学生学会如何学习，以便培养学生终身学习的意愿与能力，激发持续学习、创新进取的活力，奠定学术研究或专业技术的基础；建立"尊重劳动"的观念，培养学生敢于面对生涯挑战和国际竞合的勇气与能力，适应社会发展潮流，且愿意引领潮流。

（4）涵育公民责任。厚植民主素养、法治观念、人权理念、道德勇气、社区/部落意识、国家认同与国际理解，并学会自我负责，进而尊重多元文化与族群差异，追求社会正义；深化地球公民爱护自然、珍爱生命、珍惜资源的决心与行动力，积极致力于生态平衡、文化发展等生生不息的共好理想。

在课程理念和课程总目标的指导下，各类高中学校按照各自学校属性、人才培养计划，以"自发、互动、共好"为标准，结合课程总纲要求，设计不同的课程目标。

二、课程类别

十二年基本教育的课程类型主要分为两大类——部定课程与校定课程，此外还有根据各类学校实际情况所制定的选修课程。部定课程指由教育主管部门统一规划的课程，养成学生的基本学力，并奠定适性发展的基础。校定课程指由学校安排的课程，学校依据自身特色推进学生全面发展。不同课程所包含科目可参见表5-1。

表5-1 高级中等教育阶段课程类型

教育阶段课程类型		部定课程	校定课程
高级中等学校	普通型高级中等学校	一般科目 专业科目 实习科目	必修课程 选修课程 团体活动时间 弹性学习时间
	技术型高级中等学校		
	综合型高级中等学校		
	专科型高级中等学校		

1. 部定课程

部定课程涵盖了各领域基础学习的一般科目和让学生获得职业性发展的专业科目及实习科目两大部分。部定一般科目细分为语文、数学、社会、自然科学、艺术、综合活动、科技、健康与体育八大领域，并在八大领域下设置不同的科目。部定其他课程主要是为了满足学生的生涯发展需求；而技术型高级中等学校除了一般科目之外,还有专业科目和实习科目,这主要是为了培养学生的专业知能和基础技术实践能力。

2. 校定课程

按照课程的性质,校定课程分为必修课程和选修课程。不同类型的学校对校定必修与选修课程的要求做了不同规定。

(1) 必修课程和选修课程。

普通型高级中等学校的校定课程是"学习课程发展委员会"依照学校愿景与特色,自主规划开设的学校本位特色课程,重视知识的整合性,强调以专题的形式开设课程,并鼓励学生探索体验,借此培养学生的知识整合能力与生活应用能力。普通型高级中等学校的选修课程主要包括加广选修、补强性选修、多元选修及特殊需求领域课程,共计54~58学分。

对于技术型高级中等学校,其校定必修课程是校本课程。与普通型高级中等学校不一样的是,校定必修是由自身根据学校特色而制定的课程,要求每个学校开设2~6学分的科目。技术型高级中等学校的校定课程比较自由,可在高中三年自由进行选修,而且其课程学分数也较为灵活,其合计上限为44~81学分。

综合型高级中等学校的校定必修基于培养学生基本知识技能与素养,开设科目以一般科目为主,主要安排在高一或高二。其特别之处在于,特殊需求领域课程必须在必修科目的范畴之内。选修课程主要围绕学群、学程核心能力探索进行职业试探,以便学生结合个人性格和兴趣进行选择。选修课的学分具有弹性,高达120~128学分,参照不同的学分,可对学生进行一定分流。

专科型高级中等中学的校定必修课程由学校根据发展目标自主开设,以一般科目、专业科目为主,以特定核心学科领域课程为主,为特定学科知能的拓展及深化奠定基础。特殊需求领域课程也被归入必修科目的范畴。选修课程可开设一般科目或专业科目,学分为72~87学分,供学生进行自由选修。

(2) 团体活动。

团体活动作为学校课程的一部分,在培养学生素养和满足学生需求方面都是不可或缺。

各类型学校每周开设2~3节课。其他各类型高中每周开设一节班级活动课,以及1~2次社团活动、学生自治活动、学生服务学习或讲座,合计每周开展2~3节课。

团体活动的内容非常丰富,其最大特色在于打破学科领域、年级限制、班级限制,与生活实际紧密相连,让学生们可以实现高一至高三的交互式学习。

(3) 弹性学习。

弹性学习作为《总纲》的特色，发挥着学生"自发"规划学习内容的精神，各校对学生自主学习精神的保障与相应做法都纳入到年度课程计划，并作为重点考核项目。

各类型学校在课时安排方面略有差异，其中，普通型高级中等学校、综合型高级中等学校和专科型高级中等学校每周安排 2~3 节课时给学生进行弹性学习；技术型高级中等学校则每周安排 0~2 节。虽然所安排的课时稍低于其他学校，但是技术型高级中等学校的弹性学习时间的规划模式十分丰富，有专题实验、专业技能等主题活动。

虽然弹性学习的内容丰富多彩，时间又自由，但是值得注意的是课程师资安排的恰当性。因为弹性学习是让同一年段的学生在同一时间进行学习，所以学校要合理安排每科的师资，以免发生时间上的"冲突"。

三、课程特点

1. 以学生为主，学习时间灵活而自主

每种类型的学校都规定学生要有弹性的学习时间，弹性学习在各类学校要求都较高。其中，除了技术型高中规定其学分为 0~2 个之外，其他所有学校都规定其学分为 2~3 个。可见，台湾高中教育十分注重学生自主学习的时间，十分注重时间的灵活安排。通常而言，在弹性学习课程中，主要会设置一些学生自主学习、选手培训、充实（增广）教学或学习的特色活动等活动，借此达到《总纲》要求的"自发"的课程理念。

2. 选修课程内容丰富

选修课程开课的方式有"班群开课和全年级开课"两种，不论哪种开课方式，人数必须达到 12 人及以上才能开课。

学校在设置选修课程时，都强调尊重学生学习差异、个人学习兴趣，强调结合校内外各因素设置课程，课程内容非常丰富。如在艺术领域设置了表演创作、基本设计、多媒体音乐、新媒体与艺术等课程。

3. 必修课程要求各不相同

虽然各类型学校都设置部定课程与校定课程为必修课程，但是各类学校人才培养方案不同，课程目标不一样，所以课程内容及其学分要求也不一样。

高级中等学校实施学年学分制，各类型学校对不同课程所规定学分各不相同，学分详情见表 5-2。

表 5－2　高级中等学校教育阶段各类型学校课程规划表

课程类别		学校类型			
		普通型高级中等学校	技术型高级中等学校	综合型高级中等学校	专科型高级中等学校
部定必修	一般科目（包含高级中等学校共同核心32学分）	118学分	66～76学分	46学分	48学分
	专业科目 实习科目	—	45～60学分	—	—
	学分数	118学分	111～136学分	48学分	48学分
校定必修及选修	一般科目 专精科目 专业科目 实习科目	校定必修 4～8学分 选修 54～58学分	44～81学分（各校须订定2～6学分专题实作为校定必修科目）	校定 4～12学分 一般科目 校定选修 120～128学分	必修 45～60学分 核心科目 选修 72～87学分
	学分数	62学分	44～81学分	132学分	132学分
应修习学分数（每周节数）		180学分（30节）	180～192学分（30～32节）	180学分（30节）	180学分（30节）
每周团体活动时间		2～3节	2～3节	2～3节	2～3节
每周弹性学习时间/六学期合计		2～3节/12～18节	0～2节/6～12节	2～3节/12～18节	2～3节/12～18节
每周总上课节数		35节	35节	35节	35节

普通型高级中等中学以升学为目标，所以其部定必修课程远比其他学校的学分要求要高，其在中文、英语、数学、自然、社会等领域的必修学分要高于其他类型学校；而技术型高级中等学校以培养务实型人才为主，所以除了设置一般科目为部定必修课程之外，还设定了专业科目和实习科目，并且二者的学分要求与一般科目的学分要求都很高；综合高级中等学校和专科型高级中等学校，相比普通型高级中等学校，并未很重视应试教育，所以部定必修学分要求相对比较低，但是二者更重视校本特色课程的建立，校定科目是所有高中学校中最多的学校。

4. 以核心素养为导向

核心素养指强调学生的基本能力、核心能力、学科知识以及情感态度、学习策略、整合活用等方面。

核心素养强调学生的终身发展,其主要内容涵盖了三大方向、九个项目。如图5-1所示其中,"自主行动、沟通互动和社会参与"为三大主体方向;九个项目主要是"身心素质与自我精进、系统思考与解决问题、规划执行与创新应变、符号运用与沟通表达、科技资讯与媒体素养、艺术涵养与美感素养、道德实践与公民意识、人际关系与团队合作、多元文化与国际理解"。各类学校的课程设置以核心素养为导向,这能够起到"彰显学习主体、确保基本的共同素养、导引课程连贯统整、活化教学现场与学习评量"等作用。

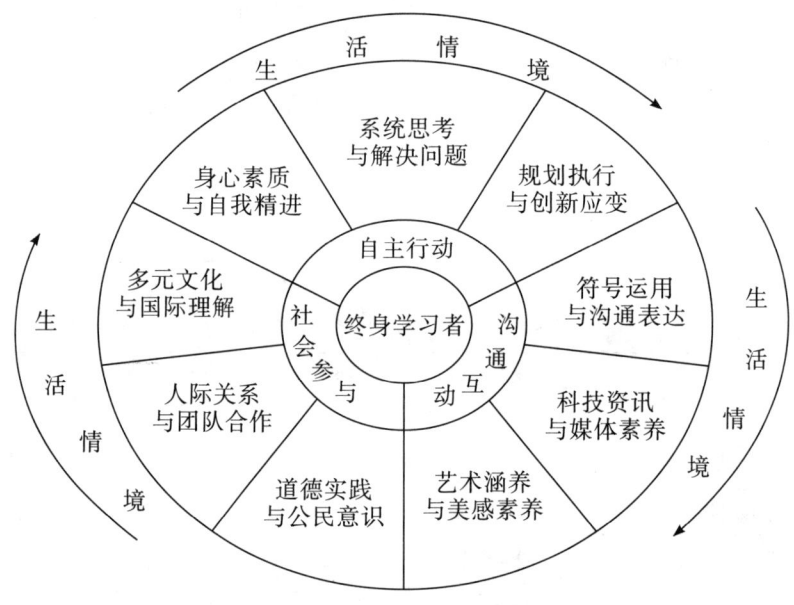

图5-1 核心素养内涵图

第三节 台湾的学校指导

一、台湾中学教育

(一)工作目标

随着经济全球化的发展,国际竞争压力增大,台湾地区教育事务主管部门于2014年修订了人才培养计划,以"转型调整"为方向,以"培育多元优质人才,共创幸福繁荣社会"为教育发展愿景,指出十二年基本教育应该满足以下3项工作目标：第一，培养"基本素养"，让学生在完成十二年基本教育时，不论其接下来的生涯规划是继续升学还是进入就业市场，都具备基本能力；第二，培养学生觉察全球村相互依存的关系与生态永继发展的重要的能力，具备全球化所需要的竞争与合作能力；第三，奠定各类专业人才及多元精英人才的基础。

（二）工作人员

朝着"成就每一个孩子——适性扬才、终身学习"的教育发展愿景，台湾地区专门成立了"学校课程发展委员会"，该委员会在设置校本课程、审查课程计划、自编教材审议、自我评价课程方面发挥着重大作用。

学校课程发展委员会由专家学者、产业行业相关人员、教师与学生等多方面力量组成，其下主要设置了"领域/学科教学研究会、行政组、课程规划组、课务规划组、教材审议组、课程评议组、教师专业成长规划组"，融合了校内外各界人士，成员各司其职。

行政人员要负责课程与教学领导的任务、行政业务、教育理念及创意等事项；年级教师代表需要负责学生正式课程及非正式课程学习的纵向安排；产业界人士则主要负责课程与教育能够和产业发展紧密结合，提升学生未来适应职场的能力。

（三）工作内容

在学校所有工作中，学校还重视对外交流。为了发展中小学生的自我认同感、国际素养、全球竞争力和全球责任感，学校开展了对外交流项目。

校内，学校开设了融入课程，把国际素材融入课程与教学，以自编教材、自编学习手册、自编学习单、办理外语及文化教学等形式开展融入课程。同时，学校为了培养专业教师，还设立了教师专业成长专栏，培养国际教育专业的教师及行政人员。

校外，学校开展对外交流项目。中小学进行对外交流的方式包括"教育旅行、国际高中生奖学金、境外游学、国际志工服务、参与国际会议或竞赛、教育专题访问"等方式。同时，为了强化国际理解，学校还在校园文化、课程等方面举办国际化活动。

二、台湾生涯辅导

台湾地区以成就每一个孩子为教育引领，在高中阶段十分重视孩子的生涯发展和适性发展，为此在生涯辅导方面建立了一套较为齐全的课程体系。

(一) 目标

普通型高中的培养目标以升入普通大学为主，所以生涯辅导除了发展学生职业准备意识之外，更多是培养学生学术准备意识。职业型高中则主要以准备攻读技职大学或者就业为主要目标。综合型高中则兼备前两类高中的培养目标，学生可以根据自己兴趣和特长选定方向。根据培养目标的不同，其生涯辅导目标亦有所差异。

(二) 内容

三类学校围绕各自目标所设置的课程既有相同之处，又有不同之处。相同之处在于：三类高中生涯规划课程都注重引导学生认识自我、认识环境、探索生涯和决策生涯。高中阶段是学生深度认识自我的关键时期，学生在此阶段逐渐形成正确的价值观、人生观和世界观，开始不断地探索和了解自我，而且开始逐渐了解社会。再者，现今时代变化万千，学校开设的课程更该紧跟时代步伐，所以按照课程大纲规定和时代变迁的需要，三类高级中等教育学校都该设置认识自我、认识环境的课程。不过，在具体实施生涯规划中，各类学校会根据学校的不同性质、不同情况，设置不一样的课程。如，技术型高中所设置的主题与普通型和综合型高中都不相同，它的主题更多、课程内容更为丰富，且与实际生活、职业岗位联系得更为紧密。

总之，与大陆相比，台湾的生涯规划教育注重与周边环境相结合，注重实践，现行的高中课程纲要要求将生涯规划课程的主要内容定为"自我认知、环境探索与生涯决策"这三大部分。围绕这三大部分，不同类型的学校按照各自的任务要求，开设了不同课时、不同主题的内容。

(三) 人员

教育事务主管部门专门为青年设立了青年发展署机构，旨在更好地促进学生职业生涯辅导。青年发展署与学校最大的不同之处在于更重视学生实践能力的培养，其与市场的联系更加紧密。为丰富学生生涯辅导工作，青年发展署开设了"产业与生涯校园巡回讲座"，并为此成立了"领导力培训营"及"职业生涯探索研习营"。

此外，为提升学生的就业率，台湾地区还实施了"提升高中（职）学生就业准备力计划""飞 Young 计划"等，扩充渠道，帮助学生尽早规划个人职业生涯，了解就业市场发展，提升个人就业准备力。

总而言之，一直以来台湾地区都十分重视生涯规划教育。除了学校之外，还有部分非学校的其他机构也十分重视生涯规划教育，这使生涯规划实施的途径更加多元化,使生涯教育发展更为成熟。

三、他方支持

(一)经费及政策的支持

台湾教育事务主管部门针对高中及高职教育设立了行政规划、课程和教学科、学生实习和私校管理科,以及入学和艺术教育科等这几大部门,专门负责高中阶段的教育。

台湾教育事务主管部门专门成立了教育经费基准委员会,处理关于教育经费的系列事务。据统计,高中教育经费一直以来都很充足。2012年高中教育经费支出达72 498 167千元台币,而2013年经费支出却增加到106 711 092千元台币,这从另一个角度折射出学校在教育方面所支出的经费在呈上涨趋势,学校可利用这批经费更好地服务学生。

同时,台湾教育事务主管部门出台了相关减免学费的政策,从2015年起,台湾省政府就推动公私立高级中等学校在一定条件下免学费。

此外,为了促进高级中等学校的发展,台湾教育事务主管部门先后出台了"高级中等学校优质化""高级中等学校均质化"等政策来减轻学生升学压力,进而促进学生多元发展。

(二)校内建设,打造专业化队伍

新修改的"十二年基本教育实施方案"中明确指出,要持续整合师资培育发展,强化各部门的联结,畅通对话管道。据此可知,台湾教育事务主管部门对学校师资建设十分重视。而根据相关规定,台湾地区生涯教育发展得非常不错,当地各级各类学校都必须设有专业的生涯教育工作人员。想从事该岗位的工作人员,必须通过一系列的考核。首先,需要通过意识职前训练;其次,考核执照,考查生涯规划、心理学等方面的知识;再次,考查实践操作与督察能力;最后,考查在职训练。可见,当地对生涯教育工作人员的职前培训十分严格。不仅如此,学校还建立了专门的进修学习所,专门针对这些教师的职后培训,帮助教师的能力得到进一步提升。此外,学校还鼓励行政人员与一般教师参与生涯辅导知能研习,并为专业辅导人员提供持续进修的机会。

(三)校外合作,实现家校社互助网

一方面,学校为优化生涯规划教育,与产业、企业合作,签订产学携手

合作合约书，确立产学携手合作委员会的组成运作方式，确定课程规划、职场实习计划、高级中等学校升读技专院校计划，以及提出学生辅导机制等。同时，学校与合作厂商共同组成校级委员会，成立四合一模式的合作班，负责学生辅导及长远人才培育等议题，并协调借鉴计划执行过程中遭遇的各项争议问题。

　　另一方面，为推动家长与社区的加入，校方积极鼓励家长会主动参与生涯辅导工作；同时，推动社区团体与学校互动机制，分享生涯经验。除此之外，学校为充分利用校外资源，也为使学生学习更为方便，与社区乃至其他学校建立合作网络，以便为学生提供更具脉络性与系统性的生涯咨询。

第六章 中国香港

本章将从高考方略、高中课程体系和学校为学生提供的指导三方面对香港高中教育的基本情况进行介绍,以期为内地新高考背景下的高中课程体系建设和生涯教育提供经验参照,为高中学校系统指导学生选课、选专业和择校提供行动启发。

第一节 香港的高考方略

过去一段时间,香港地区的中学教育沿用的是英国的学制,大部分学生只读五年中学,中学课程结束后可参加香港中学会考,小部分学生继续读中六、中七课程,相当于大学预科,完成中七课程后要参加香港高级程度会考,凭成绩为自己争取大学学士学位,学制为三年。那时学生的考试压力普遍较大,平常的课程安排也被备考占去了很大部分,考试的最大功能是筛选精英,部分升学准备不足的毕业生需要不断重读。为了使学生的基础学习时间更长也更加连贯,帮助高中生毕业离校后更好地决定升学或就业的去向,自2009—2010学年起,香港正式开始实施新的高中学制,启用新的高中课程体系,并采用与之相适应的新的中学教育评核制度。新高中学制将原本高中的"2+2"模式合并为三年,同时大学学制在原本的基础上增加一年,形成中学、大学的"3+3+4"学制。该新学制与内地及世界的主流学制接轨,是符合人才发展规律的一次重大改革。为了使高中阶段的学习成果能够得到科学评价与承认,使学生可以连贯地接受高中后教育或者为就业做好准备,必须改革高中教育评核制度,与新学制相配合。

一、香港高中教育评核制度

从2012年起，香港便开始正式实施新的高中评核制度，把原来学生要参加的香港中学会考和完成中六、中七年级学习后参加的香港高级程度会考合并为一次考试，称为香港中学文凭考试。该考试由香港考试及评核局负责组织与实施，包括公开考试和校本评核两部分。除了文凭考试之外，香港学校也采用学生学习概览，以记录高中学生在全人发展方面的成就。

（一）香港中学文凭考试

1. 公开考试

文凭考试将公开考试科目分为甲类高中科目、乙类应用学习科目和丙类其他语言科目三类，要求大部分学校考生报考4个核心科目和2~3个选修科目，4个核心科目即语文、英语、数学及通识教育。选修科目可从甲类、乙类及丙类中选取。考试采用水平参照模式汇报评核结果，各个科目也会制定符合各自学科特征的等级描述，来说明该科目的各个不同等级中学生所应达到的典型表现，以便于在考试中对照考生表现来评定其等级。

（1）甲类高中科目。

甲类科目共有24个，包括4个核心科目和20个选修科目。选修科目可从中国文学，中国历史，英国文学，经济，伦理与宗教，地理，历史，旅游与款待，生物，化学，物理，科学，企业、会计与财务概论，健康管理与社会关怀，设计与应用科技，科技与生活，信息及通讯科技，视觉艺术，音乐和体育中进行选择。

在香港中学文凭考试的证书上，考生在甲类高中科目中的表现以等级进行汇报，分为1~5级，数字越大等级越高。第5级的考生中，成绩最优异的可获评为5^{**}级，成绩次佳的可获评为5^{*}级，其余的则评为5级。表现低于第1级的水平定为"不予评级"，并不会在证书上汇报。

（2）乙类应用学习科目。

乙类应用学习科目共设30个科目，可划分为6个范畴，分别是创意学习，媒体及创意，商业、管理及法律，服务，应用科学，工程及生产。应用学习科目注重应用性与实践性的学习，具有专业导向和职业导向的课程性质，由大专院校等各种具备专业素质的团队提供课程，这些课程的考评也由提供相关课程的机构来负责。考生的成绩须经考评局审定后方可记录在中学文凭考试证书上。从2018年开始，应用学习科目的等级评定方法有所调整，应用学习中文课程沿用现行的两个评定等级，即"达标"和"达标并表现优异",除此之外的其他应用学习科目增至三个评定等级,即"达标""达标并表现优异(Ⅰ)"和"达标并表现优异(Ⅱ)"。表现低于"达标"的水平等级会被定为"不达标",且不会登记在文凭证书上。

(3)丙类其他语言科目。

部分中学会开办其他语言科目,包括法语、德语、印地语、日语、西班牙语及乌尔都语。这些语言课程的考核采用剑桥大学国际考评部(剑桥国际)的高级补充程度试卷,阅卷及成绩评级亦由剑桥国际处理。其他语言科目的成绩以 a、b、c、d、e 5 个等级(从高到低)登记在中学文凭考试证书上,e 级以下的成绩会定为"不予评级",且不会登记在证书上。

2. 校本评核

校本评核是指在日常学与教的过程中,由学校任课教师来评核学生的表现,它是为了更全面地考查学生的能力,把学和评估结合起来,是中学文凭考试中一种重要的评核方式。2012 年第一届香港中学文凭考试开始实行,共有 12 个甲类科目推行校本评核。

各学科具体评核内容则要根据各学科的特点、能力要求选择不同的模式。中国语文的评核内容包括阅读活动和选修单元,教师可通过学生的文字报告或口头汇报等了解学生的学习成效。英国语文的校本评核中,教师可以通过学生在口头表达和小组讨论中的表现来判断学生的学习成果。通识教育的校本评核则要求学生完成一个独立专题研习,教师可观察和分析学生在拟定探究题目、资料搜集与整理、分析及报告各项工作中的表现并给予评分。选修科目的评核和各科目的学习过程密切相关,例如理科科目的实验活动、信息及通讯科技科目的项目习作和视觉艺术科目的作品集,都可作为校本评核的考查内容。

校本评核的分数将与该科目的公开考试成绩合并,按比例计入学生的香港中学文凭考试成绩,登记在分部或科目等级中。

(二)学生学习概览

除了公开考试和校本评核外,为了更具体、全面地反映学生的个人发展情况,学校还协助每个学生建立一份学生学习概览。这份概览主要是记录学生的学习经验,为中学毕业生的能力发展及专长特点提供补充数据。其内容包括校内学科成绩(香港中学文凭考试的成绩除外)、其他学习经历、校外的表现或奖项以及学生的自述(例如突出印象深刻的学习经历或为事业订立的目标)四个部分的简要资料。学生学习概览除了可以帮助学生回顾学习经验和成长历程,总结自身能力特质和成长经验,并由此加强自我反思与调控,也可以配合高等院校和雇主要求编制证明个人特质和能力优势的有用材料，因此它重质不重量。

二、香港中学教育评核制度特点剖析

（一）全面科学

香港中学文凭考试将通识教育科纳入必考的核心科目之一，体现了香港教育重视人文教育，推动所有学生全面发展。选考科目范畴宽广、种类繁多，其中20个高中选修科目旨在指导学生发现、发展学科兴趣，应用学习科目重视实践能力的考查等，这些都与核心科目的基础理论知识学习相互补足，也给学生提供了十分多样的选择。香港中学文凭考试采用水平参照模式来评定学生的成绩等级。在公开考试科目中，各个甲类科目都根据自身学科特点敲定等级描述，为文凭考试中的考生表现提供对比参照，以评定考生的等级，乙类科目和丙类科目的等级划分也都有明确的分数要求和严谨、科学的参照标准。除了公开考试的方式，香港还采用校本评核制度和学生学习概览这些非正式评价手段，为学生的个人成长提供更为客观、全面的观照。

（二）专业导向

香港中学教育评核制度及学生选修的相对应课程都十分契合帮助学生为未来做好准备的要求，学生在中学文凭考试中所选考的科目影响甚至决定了其在升学过程中的专业选择，也一定程度上影响了就业准备过程中的职业选择。校本评核中教师不仅只是观察、记录学生在某个科目中的表现和评定分数等级，这种做法也在无形中促进学生反观自身，明确自己的兴趣和能力特长，并逐渐探索未来的职业路向。学生学习概览中记录的学生学习经历，则为学生提供了尝试的机会，帮助学生总结自己在真实学习情景中的收获，包括是否对该工作领域感兴趣以及是否能够胜任该专业领域的工作等。

（三）多元出路

香港中学教育评核制度为学生提供了多元化发展的可能，学生可根据个人兴趣和能力特质，凭借中学文凭考试的成绩报读高等教育课程，如各院校提供的副学士、高级文凭和学士学位课程。学生可选择在内地或海外升学，中国内地部分高等院校已承认香港中学文凭学历并根据成绩择优录取学生，海外多个国家也正面认可该考试成绩。若学生选择就业或申请公务员职位，其香港中学文凭的资历和香港中学文凭考试成绩将被接纳，其个人编写的学生学习概览也将为雇主提供一份证明个人能力的文件。当然学生也可以先接受职业训练局等教育机构提供的职业专才教育课程再选择就业。

第二节 香港的高中课程

受原高中"2+2"学制以及两次会考的影响，香港高中课程为了服务学生的考试需要，前两年的课程重点是帮助学生应付香港中学会考，而中六、中七年级的课程重点则在于帮助学生通过高级程度会考并为进入大学做准备，课程内容根据大学的要求来安排，总体较为专门与艰深。可见原本高中课程的设计及学生学习的内容和时间分配都受到两次公开考试的主导，整体的学习安排缺乏连贯性，导致学生较难有足够的时间参与多元化的学习活动或者修读学习范畴更广的课程模块。为了适应21世纪知识型社会发展对人才培养提出的新要求，为学生提供一种能够培养广阔的知识基础、独立思考的能力及终身学习能力的学习过程，建设一个重视多元出路、强调素质培养、鼓励终身学习及可持续发展的教育体系，香港迈出了高中课程改革的步伐，逐步建立起一个系统、连贯并具备多样化选择的新课程体系，同时也是一个与新学制、新考评制度相适应的课程体系。新课程于2009年9月开始正式实施。

一、课程理念

根据香港课程发展议会编写的《高中课程指引（第一册）》，高中学校课程的宗旨有三个方面：一是提升学生的语文及数学能力，拓宽他们的知识基础，提高批判性思考、独立学习和人际技巧方面的能力，为他们提供更多在德育及公民教育、体育及艺术范畴的其他学习经历；二是为学生提供更多元化的选择，以配合他们不同的需要、兴趣和能力；三是为学生日后进修以及应付社会上日新月异的需求，做好准备。结合香港教育一以贯之的"全人教育"理念，可将课程体系的改革理念概括为以下三个方面，即全人发展、选择多元和终身学习。

（一）全人发展

高中课程架构的设计是为了让每个人都能从中获得全人的发展，挖掘并发展自身的潜能。《高中课程指引（第一册）》提出的七个学习宗旨中，就包括要求学生掌握基础学科能力、具备广阔的知识基础、成为有独立思想和负责任的公民,希望学生具备世界视野、尊重多元文化和观点、掌握终身学习所需技能、了解自身并培养良好的工作和学习态度,以及建立健康的生活方式等。课程形式上除了核心课程和选修课程,学校还为学生提供其他学习机会。

可见,高中课程的设计囊括了个体发展所应着重培养的各方面要求,有利于高中生在完成课程学习任务的过程中既做到知识的全面学习与能力的全面锻炼,又能从中发现、发展自身的价值,成长为能力全面、精神富足的人。

(二)选择多元

高中课程的学科内容涵盖了 8 个学习领域,包括中文、英文、数学、个人、社会与人文、科学、科技、艺术和体育。这些内容也涵盖了社会生活的大部分领域,为高中学生提供了了解文化、了解社会的基础知识,让学生认识到知识无处不在且处于不断发展更新中,培养他们终身学习的能力、价值观和态度。这些丰富的课程内容除了以 4 个核心科目的形式出现以外,更多还是以选修科目及选修单元的形式,为高中生提供多元的选择,目的是满足不同学生个体具有差异性的成熟程度、学习兴趣、学习风格、志向、能力和需要。

(三)终身学习

香港教育以及高中课程规划的价值取向都紧跟世界教育新理念,强调终身学习与发展:一是培养学生终身学习的意识,让其认识到人的一生是不断发展的一生,也应该是不断学习更新的一生。高中的课程也是为下一阶段更加深入或专门的学习奠定基础,方便将来继续接受教育。二是要使学生学会学习,为未来做好准备。无论是知识积累还是能力锻炼,都要以可持续发展为目的,学校课程的开设与实施注意培养学生对学习的掌握能力,从而培养学生对未来世界的适应能力。

二、课程框架

新高中课程包括三个部分,分别是核心科目、选修科目及其他学习经历。课程框架的设计和课程内容的设置最终都是为高中学生的全人发展服务。

（一）核心科目

核心科目有语文、英文、数学和通识教育四门，占总课时的45%~55%。

语文和英文两门课程的建议课时均为338~405小时，各占总课时的12.5%~15%。这两个科目都包括必修部分和选修部分，学校可根据学生的能力、兴趣和发展需要，综合学校的教师资源与教学安排等实际情况，在中五年级开设合适的选修单元。语文作为学习母语的科目，要均衡兼顾其工具性和人文性，其必修部分包括了阅读、写作、聆听、说话、文学、品德情感、中华文化、思维和语文自学九个学习范畴；选修部分则可从10个建议单元中选修3~4个。英文的必修部分则包括三个学习范畴，分别是人际关系、知识和经验，分为九个建议单元，由19个单位组成；选修部分则可从语言艺术及非语言艺术两个组别中选修三个单元，每个组别最少选修一个单元。

数学科目由必修部分和延伸部分组成，学生可以只修读必修部分，亦可以在此基础上增加修读延伸部分的单元一（微积分与统计）或单元二（代数与微积分）。必修部分的建议课时为270~338小时，占总课时的10%~12.5%，包括三个学习范畴，分别是数与代数，度量、图形与空间，以及数据处理，且划分为基础课题和非基础课题。其加上延伸部分一个单元后的建议课时为405小时，占总课时的15%。

通识教育作为学生必修的核心科目，其目的是为了确保学生在高中阶段接受宽广的教育，它的课时要求最少需安排270小时，即最少占课时总量的10%。它由六个单元和独立专题探究部分组成，六个单元指个人成长与人际关系、今日香港、现代中国、全球化、公共卫生、能源科技与环境，每个单元均占时30小时。独立专题探究部分则占时90小时，包含传媒、教育、宗教、体育运动、艺术、信息及通讯科技六个建议范围。

（二）选修科目

高中课程的选修部分，学生可以从20个高中选修科目、应用学习课程和其他语言这三种类型中进行选择。

20个高中选修科目囊括七个学习领域，分别是：①中文教育，对应选修科目为中国文学；②英文教育，对应选修科目为英国文学；③个人、社会及人文教育，对应可选科目为中国历史、经济、伦理与宗教、地理、历史、旅游与款待；④科学教育，可选科目为生物、化学、物理、科学（综合科学和组合科学）；⑤科技教育，可选科目为企业、会计与财务概论，设计与应用科技，健康管理与社会关怀，科技与生活，信息及通讯科技；⑥艺术教育，可选科目为音乐和视觉艺术；⑦体育，可选科目为体育。这部分选修课程主要是为高中学生培养兴趣和能力，为日后升学和就业提供更多选择。

应用学习，即职业导向教育，课程的设计原则是理论与实践学习并重，让所有学生都能发挥个人潜能，其地位等同其他选修科目，旨在为学生提供学术和职业方面的发展途径。应用学习课程的内容涵盖了应用科学，商业、管理及法律，创意学习，工程及生产，媒体及创意，服务六个范畴。它着重发展学生理论学习以外的多方面能力，包括基础技能、思考能力、人际关系、价值观和态度，以及与工作相关的能力，是具有挑战性和实用价值的课程系列。

其他语言选修科目的课程则有法语、德语、日语、西班牙语、印地语和乌尔都语。学生完成这部分课程后必须参加由香港考试及评核局与海外考试机构合办的国际考试，所得考试成绩将在香港中学文凭考试的证书中体现。

（三）其他学习经历

为拓宽学生视野，培养学生的终身兴趣，帮助学生形成多元、正面的价值观，从而最终促进每个学生个体的全人发展，学校为学生提供一定的课程活动，如社会服务活动、交换生计划等，以配合核心课程及选修科目特别是应用学习课程的学习。学生在学习概览中可记录这些学习经历。

这些课程涵盖了德育及公民教育、社会服务、与工作有关的经验、艺术发展和体育发展五个方面。建议最少课时为 405 小时，占总课时的 15%。学校可在现有的课堂系统学习中推行艺术发展和体育发展，德育及公民教育则可利用班主任课、早会等课内时间或课外学习活动进行，与工作有关的经验及社会服务则可根据不同学校的需要安排在课后、考试结束后或学校假期等时段进行。

第三节　香港的学校指导

直到 21 世纪，基于学校不应局限于向学生传授学科知识，而应该培育学生全人发展的教育理念，香港借鉴学习美国"全方位学校辅导计划"，调整构建了"全方位学校辅导服务"模式并开始在学校推行。根据该模式，学生的发展应该囊括学业发展、生涯发展、个人发展和群性发展四个部分的主要内容，围绕这些内容学校要为学生提供个人成长教育、辅导服务、政策与组织及支持服务四项基本服务要素。在该学校辅导服务模式的组织下，学校基于自身现实条件进行资源的调动整合，集合学校全体教职员的力量开展辅导活动，以期为学生提供高质量的辅导。

一、香港中学学生辅导

2001年，香港教育署发布的文件提出，一个符合全人发展要求的学生不仅要有丰富而牢固的知识基础，其个人品德、技能、态度和身体等方面都应获得均衡发展，同时也需具备公民意识和社会责任感。此文件从新世纪人才面临的新挑战和香港本地的特殊情况出发，结合青少年青春期性意识萌发、忧虑困惑、目标不明确、渴望自由的特殊身心状态，来证明学校辅导工作的重要性并阐明如何正确地给予青少年适当的辅导，给学校行政人员和教师提供了推行学生辅导工作的方针和具体建议。

（一）工作目标

学校辅导工作的目标在于为促进学生全人发展提供支持，具有发展和预防的作用。具体目标包括：①营造一个愉快的学习环境；②帮助学生加深对自己的了解，包括个人的能力、优点和缺点；③帮助学生察觉自己的感受，教导他们处理情绪的技巧；④帮助学生建立自信及增强自尊感；⑤培养学生良好的学习习惯及社交行为；⑥协助学生制定目标，计划事业与人生；⑦及早识别问题所在；⑧尽早辅导学生解决困难。

（二）有效元素和建议架构

根据多方研究交流的结果，文件确定了九个可帮助推行学校辅导工作的有效元素，元素包括校长等高层管理人员的有力领导与支持；高层管理人员协助学生辅导的校本规划并确保能够切合学生的需要；教职员工要认同辅导工作的理想和目标；系统地推行发展性辅导工作；不同工作小组协力合作；与家长保持密切交流沟通等。只有这些元素融合并发挥作用，学校才能高效、准确地开展学生辅导工作。

（三）组织工作

关于中学学生辅导的文件中专门为学校讲解具体的辅导工作应该如何开展与组织。首先，学校应成立一个辅导组来负责整个辅导工作的策划、统筹、推行和评估，辅导组最好由一名资深教师领导，由一批具备专业知识的核心教师负责，学校社工也应纳入辅导组中以提供社区资源支持和其他协助，校长则应结合学校学生的发展水平和现有资源，带头制定工作方向。

其次，作为开展学生辅导工作的一线人员，辅导教师及辅导主任应具备一系列的特质，如必须思想开明、稳重成熟，善于与年轻人打交道，能够设身处地理解学生，对学生负责，明白学生的辅导经历与资料都受隐私保护，应严格保密，还必须定期接受学生辅导技巧等相关专业培训。学校须为教师举办简介会或校本发展课程，让全体教师认识和接受学校辅导的目标、原则与方法，并产生共同的信念以达成高效的互动成长和合作。同时，在辅导工作推进的过程中，需监控是否出现工作计划与现实情况不相符，或者某些辅导个案需进行讨论协商，或者工作中发现了新的学生需求等各种情况。学校人员应定期召开会议来共同讨论问题、解决问题，从而对辅导工作进行全面的检讨和评估，保证辅导工作的持续顺利开展。

最后，以学校为本的学生辅导并不意味着隔绝外界支持。学校应善于利用校内、校外资源和网络工具，学校社工可帮助教师收集青少年服务的相关资料、出席家长教师会议、策划组织家长培训课程等，辅导组也可以寻求校外专业团队与组织的支持，若认为某些个案需要寻求专业支持，也可在获得家长同意后做转介处理。

二、升学与就业辅导

升学与就业辅导在高中学校中的主要功能是协助学生增进对自我和专业、职业的认识，引导学生有意识地锻炼相关专业技能和就业能力，从而帮助他们明智地选择专业和职业，应对学习和就业的转变。帮助学生了解自己的学术或就业抱负，培养正面的学习和工作态度，为未来做好准备，这本身也是高中课程架构的学习宗旨之一。2014年，香港教育局学校发展分部的升学及就业辅导组发布了《中学生涯规划教育及升学就业辅导指引》，为学校提供系统、可行的生涯规划教育指引。

（一）推行原则

综合对香港本地中学的考察情况，香港教育局建议学校在为学生提供生涯规划教育及升学就业辅导服务过程中，应首先注意配合学生不同成长阶段的发展需要，针对这些差异化的需要提供不同的服务，应把所有学生考虑在内，个体间的能力水平差异或志向不同都是可被接受的。升学就业辅导应致力于提升学生的整体规划能力，使他们就学习目标和事业目标等做出符合自身发展条件和需要的选择，促进学生生涯的全面发展，在追求生涯目标的努力过程中发挥个人潜能，鼓励学生充分了解自己的兴趣、能力，决定自己的志向，再结合外在因素做出升学、事业决定，从而实现从学校到职场的顺利过渡。这些生涯经验将使学生在终身发展的过程中获益良多，帮助学生实现可持续的生涯发展。

（二）辅导内容

就业辅导提供的是一种广泛的全面经验，通常提供学生生涯规划、认识自我、职业生涯探索和与工作有关的经验、升学辅导计划及个别学生的改善等几个方面的内容，横跨了中学各阶段的不同范畴。

学生的生涯规划教育模式包含了三个要素。第一个要素是自我认识及发展，帮助学生全面认识自己，制定中、长期学习目标和职业目标，思考外在因素对自己的影响；第二个要素是职业探索，引导学生了解职业和行业的相关要求与机会，学会筛选和运用升学就业资讯，从与工作有关的经验中增进对职业概念和工作操守的了解；第三个要素是生涯规划与管理，指导学生运用合适的决策技巧，评估相关资讯和社会发展现状，帮助学生制定初步职业性向及相关的学习目标。

（三）人员安排

生涯规划教育及升学就业辅导服务应是学校全体教职员工共同规划与实施的工作。学校设升学就业辅导组，由校长、副校长或升学就业辅导主任负责统筹工作，组内成员包括升学就业辅导教师、班主任、科任教师，以及课程发展领导、学校社工、行政支持人员、信息科技统筹员等其他学校人员，并召集家长群体的力量，通力合作为全体学生的生涯规划教育及升学就业辅导提供服务。

（四）实施方式

该文件提出，要在各高中学校系统、协调地推行生涯规划教育及升学就业辅导，并从六个不同层面介入升学就业活动，分别是：①制定校本生涯规划教育及升学就业辅导架构；②将升学机会及事业选择相联系；③举办全校性的升学就业辅导活动；④安排与工作相关的学习体验；⑤提供学生个人规划的辅导；⑥提供相应的辅助服务。这些活动从大型活动到个别辅导与咨询支持，涵盖了学校升学与就业辅导从宏观到细致的各方面工作。

新高考背景下的教学管理

三、外来支持

（一）政府、教育局

1. 生涯津贴

行政长官在 2014 年施政报告中宣布，从 2014—2015 学年起，为每所开办高中班级的公营学校（包括特殊学校）及直接资助计划中学提供一项现金津贴。这些津贴只能用于为学校和其负责生涯规划教育的团队提供支持，促使生涯规划教育工作的主要职能由为学生提供升学就业数据和相关资讯，转变为以更系统、全面的方式实施生涯规划教育。

2. 教师培训

政府鼓励学校安排生涯规划教育相关教师参加有关的专业培训课程和出席升学与就业辅导专业研讨会及工作坊。教育局会为中学教师举办升学就业辅导的相关系统课程，为有需要的中学教师做专业培训，如定期举办中学升学就业辅导及生涯规划基础证书课程等；为促进不同学校教师之间就生涯规划教育的经验进行交流分享和专业探讨，会举办各种专题研讨会、成功经验分享会及工作坊。这些证书课程和研讨会议将为在中学中从事生涯规划教育的教师提供一个平台，帮助教师了解升学就业辅导活动，深入学习辅导技巧与手法，获取升学就业信息，从而逐渐获得参与学校生涯教育课程建设的能力。

3. 资源集成与工具

教育局充分利用互联网技术为学校、教师、学生和家长提供生涯规划和升学就业辅导相关的资源获取平台，比如专门设立一个生涯规划网站，在香港教育局官方网页可链接直达，该网站不仅提供最新升学资讯和职业资讯，还划分了学校专区、学生专区和家长专区。学校可以在此了解中学所能获得的生涯教育支持，包括生涯津贴的使用细则、《中学生涯规划教育及升学就业辅导指引》手册和近期专业培训课程等。学生可以在此下载香港教育局与香港辅导教师协会为帮助学生自我探索而联合开发制作的《寻找生命的色彩》和《生涯地图》资源包，了解并获取与工作有关的经历，了解青年生涯规划活动资助计划和商校合作计划等。家长则可以从这个网站学习到自己在孩子不同成长阶段应该扮演的角色和可以提供的支持，了解生涯规划相关基础知识和实施步骤，增进对学校开展生涯规划教育和升学就业辅导的理解与合作。

除此之外，香港中学生涯规划教育还可利用通识教育科网上资源库、中央课程资源网站、其他学习经历及学生学习概览的信息网站、大学收生要求详情网站等。

（二）社会

为了协助学校深化生涯规划教育，加强中学与社会各界交流、合作，香港教育局于2005年开始推出"商校合作计划"。该计划旨在为学生提供丰富的与工作相关的活动及工作体验机会，扩宽学生的视野，为未来的职业选择做好准备。香港教育局鼓励学生通过就读学校参与计划，在其中了解不同行业的运作和岗位的要求，作为生涯规划教育的一部分，该计划也要帮助学生主动探索和决定自身的职业性向，建立正确的职业价值观和工作态度。商校合作中的伙伴机构与学校通力合作，带领学生参观工作场地，举办讲座、工作坊、职业博览会、生涯规划比赛，开启导师计划及工作体验计划等。

（三）家庭

在青少年的中学阶段，家长给予的鼓励支持与适当引导对于其接下来的升学与就业选择也起着十分重大的作用。家庭与学校合作事宜委员会与教育局和部分学校合作开展家长讲座，鼓励成立家长教师会，进而加强家长、教师对家校合作的信念，培养家长参与教育的积极态度，向教育局、政府和非政府机构提供家校合作教育的意见等，其职责范围十分广泛。

中学生家长可主动关注和积极参与"家校会"官网介绍的近期活动，如专门讲解生涯规划和升学就业知识、信息的家长讲座，也可以积极参加成功家长经验交流会和家校合作分享会等，及时更新自己的观念和知识，了解学校的工作动态。

下篇　行动篇

第七章　课程体系建设

学校课程改革，让选择性教育变为可能。课程是教育的核心力量。只有课程变了，教师才能改变，学生才能改变，学校才能改变。

2018年8月15日，教育部颁布《关于做好普通高中新课程新教材实施工作的指导意见》，规定到2022年秋季开学，全国各省（区、市）均启动实施新课程新教材。

第一节　学校课程建构

新高考改革已经启动，学校对于课程改革的思考也应随之而动。学校应构建富有时代精神，体现多元开放，凸显办学特色以及多层次、可选择的学校课程体系，并建立与之相适应的课程模块和课程群，从而为学生实现"全面且有个性的发展"提供重要保证。

首先，确定学校课程方案主体结构。可以邀请专家和组织学校教师对学校的校情分析、学生分析、办学理念与发展目标、课程结构与设置、课程实施与评价、课程保障等做通盘考虑，然后提出契合学校特色的课程。

其次，构建学校的课程总体框架。学校在充分领会课改精神、立足本校校情的基础上，围绕学校办学优势，基于学校的培养目标，结合学生需求，明确学校发展定位，构建"修身与学生并重，基础与发展兼顾"的具有学校特色的课程体系。

最后，建立学科课程建设方案。学科课程建设方案是学校课程方案的具体化。它是在坚持学校课改方案的基础上，对本学校学科的课程目标、课程结构、课程开发原则与步骤、课程资源的开发与运用、课程的实施、课程的评价进行规划。有了学科课程建设的总体设计，才能让学校的课改落到实处。学科课程建设纲要主要包括学科定位与性质、学科发展优势与特色、学科课程体系的设计思路、学科课程的分层目标、学科课程内容、课程资源利用、课程的实施和课程的评价等。在课程体系建构上，注重多维架构、立体分层，体现差异性；既注意与初中课程的衔接，体现高中的特点，又要在内容的选择上，坚持基础性、时代性，关注学生生活，关注学生全面发展，确保课程实施完成国家课程总体要求，且符合本学校学科实际。以广州市第三中学（简称"三中"）"弘爱教育"体系为例，如图7-1所示。

三中以"弘爱教育"为特色，构建多元文化课程，强调一切从尊重做起。通过各种课程的学习活动，让学生体验教师关爱，获知爱的价值，积蓄爱的动力；通过学生的自主管理，让学生拥有学校活动的自主权和参与权，落实学生的主体地位；通过对学生爱心的培养，使学生个体的爱心有其自主的发展历程，由自爱延伸到互爱再发展到大爱。

三中"弘爱教育"课程总目标是培育沿自爱、互爱、大爱发展规律成长为富有爱心的现代人才。总目标由爱之知、爱之能、爱之恒、爱之行四个分目标的实现来达成。三中"弘爱教育"课程由四大维度的课程支撑，即知识课程、能力课程、经验课程与活动课程。

"弘爱教育"特色课程项目的实施过程如下：

第一，实现"爱之知"的知识课程的实施——形成"知识生成"的国家教学特色课堂。

学校严格按照国家要求，开设各学科课程。学校在学科教学管理上，关注学生的需求、课程教学的信息反馈，尊重学生个性的差异，将自主权、选择权下放给学生，使学生体会到学校和教师的关爱。

在各学科教学中渗透"弘爱教育"，形成"知识生成"的国家课程教学特色，就是以学科课堂教学为桥梁，通过教师对知识的传授、技能的培养，发挥教师的教育智慧，渗透情感态度价值观。教师在教育行为过程中用对生命的关注、对学生的关爱、对社会的大爱去感染学生，教育学生，使学生在关爱中成长，并体验学习的乐趣。课堂教学中渗透的"弘爱教育"一直伴随着学校的教学教育过程。学校注重让学生拥有"知识生成"的参与权，要求教师在课堂教学过程中充分调动学生参与课堂教学，尊重学生差异，满足不同的学生对知识学习的需求。关爱学生，使学生真正成为学习的主角，而不是只停留在原有的听和记的状态。学校注重通过各种学习和培训，更新教学观念、转变教学方式，通过精细的教学管理、激励措施等来落实课堂"弘爱教育"。

学校尝试在部分学科采用"走班制"的教学模式，就是为了将选择权还给学生，使有不同需求的学生有真正的选择权，从而实现学生的个性化需

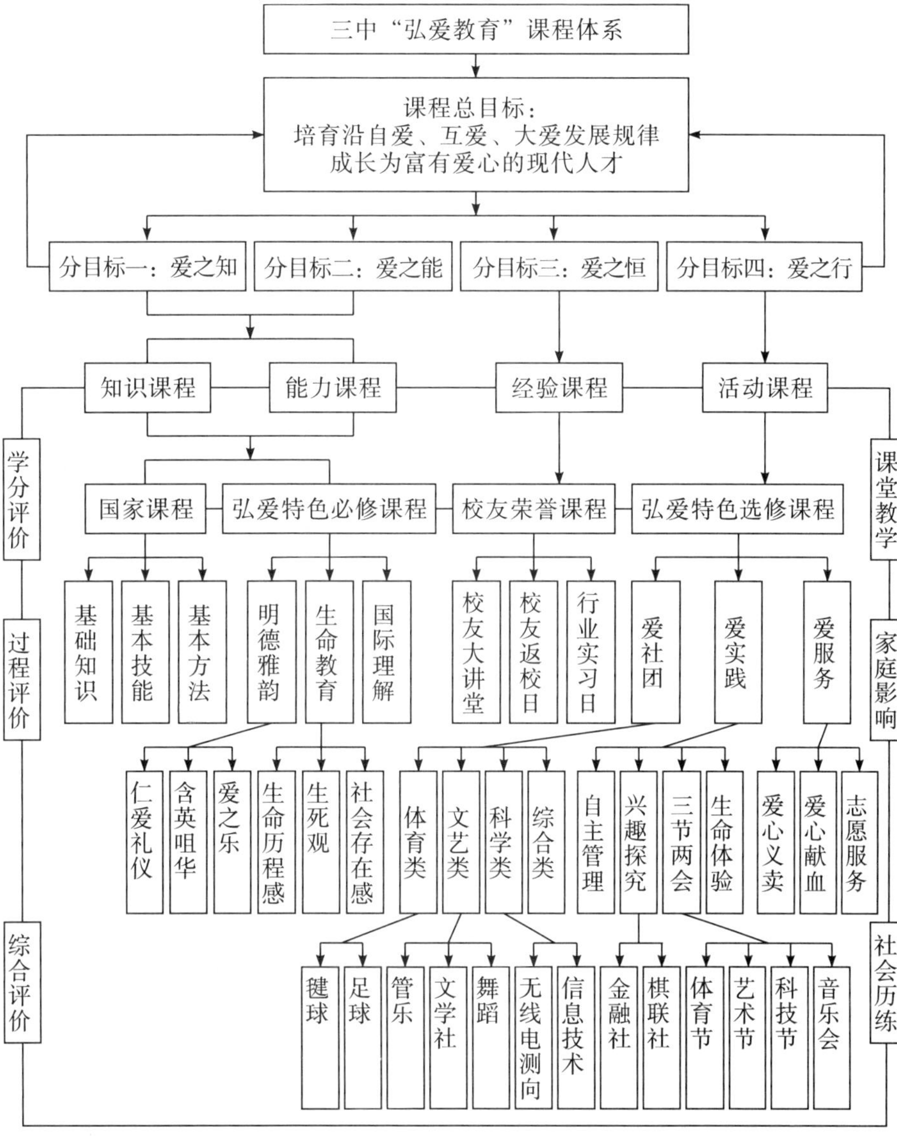

下篇 行动篇

图 7-1 "弘爱教育"课程体系

求。学校还注重学生的信息反馈，建立课堂日志，及时收集学生对教师、对课堂教学的意见、评价和建议，使学生内在的需求得到回应和满足。这些学校用心的教学管理制度和措施，皆从学生的需求出发，从尊重学生、关爱学生的角度出发，让学生浸润在备受关爱的教学过程中。学生在教师智慧的教学中体会被关爱；在课后的个体、小组辅导中，体会教师在付出中收获的喜悦，感受爱的价值。

第二，实现"爱之能"的能力课程的实施——实行弘爱特色必修课程，即明德雅韵、生命教育和国际理解三种课程。

（1）明德雅韵课程。2013年，三中的"明德雅韵"课程获得广州市普通高中特色课程重点立项，三中被授予"广州市特色学校"称号。该课程旨在挖掘和提升学校校训"仁爱"教育的核心价值，彰显学校"弘爱"的育人特色。课程是由"仁爱礼仪"的品德教育、"含英咀华"的中华古今名诗文诵读、"爱之乐"的音乐教育三个板块组成。课程以"爱"为主题，"仁爱礼仪"主要安排校史、中华传统美德和礼仪内容。"含英咀华"；精选了与"仁爱"主题相关的中华古今名诗文50篇，通过指导学生诵读来训练学生的诵读技巧；"爱之乐"选择"爱"的主题曲目，通过经典名曲的赏析、竖笛演奏、合唱等方式组织教学。

（2）生命教育课程。生命教育课程内容包括：生命历程感的意识、个体在社会的存在意识和生死观教育。

生命教育课程通过每周一节的生命教育主题班会展开，德育处也会定期组织以生命教育为主题的展示交流活动。通过主题班会，通过生命管理，让每一个人都成为"我自己"，都能最终实现"我之为我的生命价值，即把生命中的爱和亮点全部展现出来，为社会、为人间焕发出自己独有的美丽光彩"；通过交流，提高班主任们对学生生命教育的重视。

生命教育课程从个体出发，引导学生尊重社会、热爱生命。通过班会活动交流，让学生感受生命历程，感悟人生价值，并实现将个体价值引向社会价值，即由自爱走向大爱的发展。

（3）国际理解课程。国际理解课程是地理、历史和政治课的拓展，要求学生深入了解某一国家历史、经济、风俗习惯及其与中国的关系等知识，并将内容制作成展板与其他同学分享。

通过开展国际理解课程打开学生的国际视野，使学生在尊重与理解别国文化的基础上培养与其他国家人民平等交往、和睦相处的修养与技能；同时培养学生对事物的思考、分析和判断能力，使学生学会从自我到社会再到国家的角度去辨析社会现象和国际事件，实现人之"大爱"品质的养成。

第三，实现"爱之恒"的经验课程的实施——校友荣誉课程。

三中培养了很多各行各业的佼佼者，他们是三中的骄傲。为了传承三中精神，学校设置了"爱之恒"的经验课程，即校友荣誉课程。课程包括"校友大讲堂""校友返校日""行业实习日"等活动。在活动中让现在的学生更好地感受和培养三中精神，使三中精神得到传承。

第四，实现"爱之行"的活动课程的实施——弘爱特色选修课程，包括爱社团、爱实践和爱服务。

以"爱实践"之"三节两会一小组"活动系列为例。"三节"是指体育节、艺术节和科技节,"两会"由新年音乐会和爱心义卖会组成,"一小组"指每位学生成为一个志愿者小组的一员。体育节、艺术节、科技节是学校的经典文化盛宴,新年音乐会、爱心义卖会是校园的特色品牌活动。不同类型的"节日"反映了学校对不同特长学生的关爱,艺术节内容主要是各年级学生自己创作、自娱自乐的通俗与时尚节目,而新年音乐会内容主要是器乐、声乐节目。校园内的学生爱心义卖活动和走进社区幼儿园、社区养老院、儿童图书馆等活动,给予儿童和老人提供力所能及的关怀和帮助。系列活动既为学生展示特长提供了舞台,又为学生践行爱心提供了机会。

"三节两会一小组"活动秉承着科技与创新、仁爱与实践的理念,寓学习于活动,寓德育于生活,成功推动了学校素质教育的全面发展。

学校通过组织以上系列知识课程、能力课程、经验课程和活动课程,通过课程的设计、实施和学生的体验、感悟,实现对学生同情心、同理心、责任心的培养,从而进一步使学生由自爱延伸到互爱发展为大爱。

第二节 生涯教育

"生涯"一词由来已久,"生"原意为活着,"涯"为边际,意思是从出生到生命终结的全部过程。生涯教育是人的教育,是全人的教育,它启发学生思考:我是谁?我从哪里来?我到哪里去?我要怎么去?我想做什么?我能做什么?我要怎么做?

一、生涯教育的涵义

生涯教育帮助学生实现终身发展,使其成为一个全面、健康、和谐发展的社会人。生涯教育的宗旨是为国家、社会培养大量会创新创造的专门化人才,为个人培养能过和谐生活的能力。其终极目标是成就学生幸福人生,在这一终极目标的指引下,生涯教育具体体现在"四个力",分别是生涯发展的理解力、选择力、行动力和创造力。

生涯发展的理解力是指思考人生应该是什么样子的,我是谁,我认为什么样的人生是成功的人生,怎样去过一种成功的人生。这是一种生涯觉醒和生涯知觉。生涯发展的选择力是指清楚自己的生涯目标后,通过对自我、社会和环境以及职业的了解,通过运用决策理论和工具,进行科学理性的生涯选择，包括高中阶段要做的专业选择、科目选择、课程选择、院校选择和考试选择等。生涯发展的行动力是在选择之后能够开展行动以实现选择，包括开展学业规划和学习、职业体验和面试等。生涯发展的创造力是鼓励学生学会创造、勇于创造，也是生涯教育的重要目标。当前时代瞬息万变，某些职业正在消失，因此要提醒学生不要只为适应当前的职业或未来的职业，而是要创造能体现学生天赋的职业。

二、生涯教育的课程目标

生涯教育的课程目标是基于生涯教育要培养的四个关键能力，具体如表7-1所示。

表7-1

1. 生涯理解：通过开展生涯认知的初步学习，帮助学生形成对生涯的科学认识和积极的自我生涯概念，引导学生理解人生、世界和自我，唤醒自身生涯意识，形成生涯信念，培养主动的生涯发展态度	
理解人生	了解人的成长历程与规律、不同时期的角色类型和责任，与自身生涯发展建立联系
理解世界	了解工作世界的讯息，包括行业、职业等信息，了解社会环境与职业需求，及其发展与变化的必然性，尊重所有的职业和工作者。理解学业的要求，将学业、职业与生涯连接
理解自我	全面了解自己，包括兴趣、性向、性格、信念、能力、价值观、个性等，懂得工作世界中的自我；将自我认知与终身生涯发展连接
2. 生涯选择：学生通过生涯选择课程与活动，能够运用信息和资源以及决策知识进行科学地生涯决策，明确自我责任，锻炼为自己生涯做主的能力	
资源整合	思考自己现有的资源并拓展资源，能够充分整合运用各种资源进行生涯拓展
信息研究	能够运用各种途径和技术收集和研究信息，选择和评估符合自己需要的信息，以加深对生涯发展的思考
科学决策	了解决策程序，清楚自己的决策风格，运用决策技巧选择课程、专业以及生涯方向

续上表

3. 生涯行动：学生通过学习和实践，学会制定生涯目标和计划，为自己的升学和就业做好准备，实现生涯设计、大学准备、职业准备三方面能力的提升

生涯设计	依据自身兴趣、个性和潜质选择适合的生涯目标，运用目标设计方法与技术进行生涯目标设定；根据目标做好客观的生涯路径分析，制定科学合理的行动方案和计划，以帮助实现生涯目标
升学准备	根据生涯目标进行升学尤其是大学入学研究，收集大学资讯，了解大学要求，选择升学路径、课程、专业和院校，了解申请过程，做好考试安排
职业准备	了解生涯成功需要的道德规范、工作习惯和个人能力，掌握生涯资讯和路径，撰写简历和求职信，准备材料、建立档案，掌握面世技巧、求职技能

4. 生涯创造：学生能够客观科学地思考自我生涯发展现状，适应职业和技术变化，并发挥自己的优势和潜力，最终实现生涯新创造

生涯反思	能够客观科学地评估自我和生涯发展现状，分析自己的优势和不足，找出自己生涯发展需要改进的方向和改进措施
生涯应变	管理自己的生涯方案，适应职业和技术变化，在变化的环境下不断改进自己的生涯计划
生涯创想	在生涯评估和调整的基础上，发挥自己的优势和潜力，想象和设计适合自己的未来

三、生涯教育课程内容

生涯教育课程的内容是对应生涯教育的培养目标的，根据生涯理解、生涯选择、生涯行动和生涯创造四个关键能力可以对应有四个模块的课程内容，分别是生涯探索、生涯决策、生涯实践和生涯创意，如表7-2所示。在高中阶段，生涯教育有自己的特殊内容。

表7-2 生涯教育课程的具体内容

序号	课程主题	课程单元	内容陈述
1	生涯探索	人生探索	学生了解人一生的发展阶段及角色、责任,设想自己的人生发展
2		自我探索	全方位了解自己,包括能力、兴趣、价值观和特质以及自己的优劣势等,以助于确定生涯兴趣
3		世界探索	认识不同场所的工作和工作者,了解其工作特点和生涯路径,懂得其工作价值、内容、责任和要求,尊重所有工作和工作者,同时明确自己的职业兴趣和生涯路径
4	生涯决策	资源分析	判断、分析和运用自己的生涯资源
5		信息收集	搜索、发现和分析相关生涯信息
6		做出决策	学生通过学习生涯决策的程序、方法、路径,调整自己的决策风格等进行生涯选择,根据变化的情况调整自己的决策
7	生涯实践	目标制定	懂得学业成就对终身生涯的影响,了解学业和生涯路径,在自己的优势、能力和兴趣的基础上,制定可行性的目标和计划
8		学业成功	为进入目标院校和专业进行知识学习和能力培养,确定选择性考试科目,训练考试技能,准备院校申请材料,制作个人档案
9		工作练习	寻找工作和面试机会,制作个人简历和文件夹,进行实习或社会实践活动,形成个人工作习惯
10	生涯创意	生涯评估	思考自己的目标是否适合,评估自己的计划和行动是否有成效,自己的各项准备是否顺利
11		生涯调试	根据现实环境变化调整计划和行动,了解现在和未来的差异,适应不断变化的社会和技术
12		未来设计	在生涯评估和调整的基础上,发挥自己的优势和潜力,设计适合自己未来需要的职业

第三节　STEM 教育

一、STEM 教育的概念与演变

（一）STEM 教育的概念

STEM 教育是 20 世纪 80 年代美国发起的一种跨学科的教育方法。STEM 是科学（science）、技术（technology）、工程（engineering）和数学（mathematics）四门学科的简称，强调多学科的交叉融合。S 是指人类试图了解自然界、探究新知识的方法，包括发现问题、提出问题、做出假设、进行实验、现场调查等；T 是指人类为了满足自己的需求，或为了解决实际问题而去改变世界的手段，包括选择材料、选择工具、技巧与方法等；E 是指人类利用科学知识和技术去建立问题解决方案的程序，包括明确任务、初步设计、画图标识、计划步骤、原型试验、修改原型、产品定型等；M 是指人类在解决问题或进行每项科学研究时所涉及的对客观世界的描述或运算过程，包括测量数据、数据列表、曲线描述、数学关系描述等。

STEM 教育并不是科学、技术、工程和数学教育的简单叠加，而是要将四门学科内容组合形成有机整体，让学生面对真实情境中的问题，通过将科学探究、工程设计、数学方法和技术制作进行有机统一，运用跨学科的知识和方法来解决实际问题。通过做中学、学中做，通过应用跨学科的知识和方法，培养学生的创新意识、创新精神和创新能力，是跨学科课程整合促进学生全面发展的一种教育方式。各层次之间的关系和具体内容如图 7-2 所示。

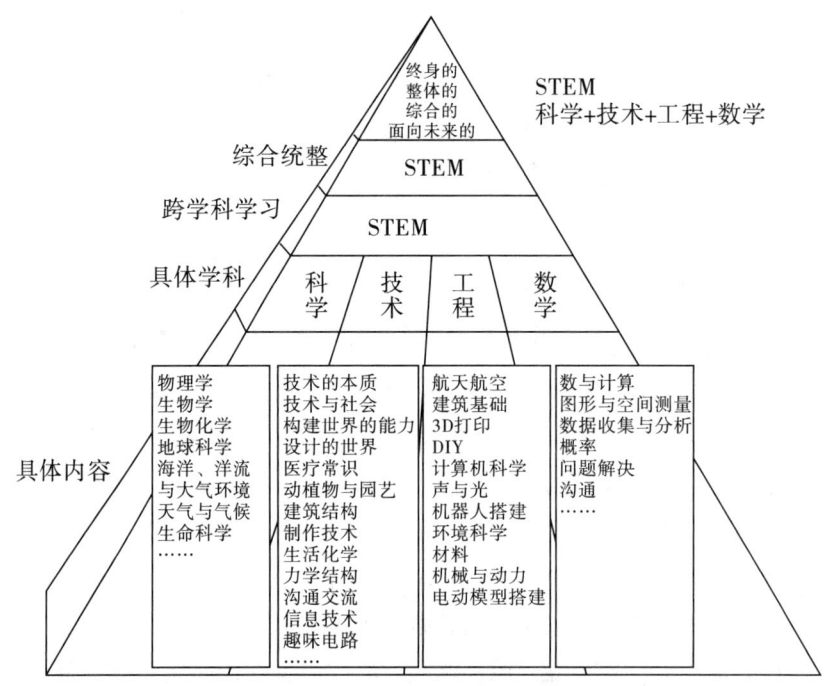

图7-2 STEM内容层次框架

(二) STEM教育概念的演变

有学者在原有STEM四科的基础上加入了Art（艺术）学科，从而得到STEAM。现在又衍生出STEMx、STEM+、STREAM、RSTEAM等多种提法。

1. 从STEM到STEAM

STEAM是在STEM四个学科的基础上加入了"艺术（Arts）"学科，这个"A"狭义上指美术、音乐等艺术类学科的内容，广义上则包括美术、音乐、社会、语言等人文艺术，强调艺术和人文属性，在自然科学教学中提高对人文科学和社会科学的关注与重视。"A"的融入让学生更容易掌握其他学科知识，通过科学、技术、工程、数学与艺术的结合，运用艺术的设计思维，激发学生的创意意识和兴趣，挖掘和展现自己的知识能力，再通过科学技术让学生在兴趣中探索，最大限度地去体验和创造，从而提高学生的创意性和创造性。如果学生学会了艺术家的思考方式，就能够将这一思考方式应用在任何一个工作领域。

2. 从STEM到STEM+或STEMx

在STEM的基础上，美国提出了STEMx，中国上海在2014年率先提出了STEM+的构想。从2014年开始，上海市教委通过推进"长周期实证教育研究项目"在 15 个区的 200 所幼儿园、小学、初中和高中实验学校开始 STEM+教育的实证研究。这个"+"包含了科学、技术、工程、数学与人文精神、艺术素养和社会价值观的结合,其中特别强调科学、人文精神、社会价值观的养成。这个"+"不仅仅是内容的增加,更重要的是育人理念的提升。

3. 从 STEM 到 STREAM

美国发起的 STEM 教育,后来加了艺术(Arts)变成 STEAM,现在又演进为 STREAM,多出来的 R 指的就是写作能力(Writing)。在未来社会,写作将是一项异常重要的能力。为什么写作能力这样重要?因为团队合作最重要的就是写作。

中国有钱学森之问(为什么我们的学校总是培养不出杰出人才?),美国也有个诺贝尔奖之问。有人做过调研,把美国获得诺贝尔奖的科学家和美国的国家科学院院士跟一般的科学家来做对比,结果发现:差别不在他们的科学素养,而在写作。获得诺贝尔奖的科学家要比一般科学家的写作能力高 20 倍,这是统计的计算结果,实际上可能是 100 倍。

4. 从 STEM 到 RSTEAM

RSTEAM 是在 STEAM 前面增加 R,这个 R 是指"机器人(Robot)"。智能机器人是集人工智能、机械、电子、控制、计算机和传感器等多学科先进技术于一体的自动化装备,也是人工智能技术应用的重要载体。因此,RSTEAM 是指基于机器人开展的 STEAM 教育探索实验实践活动,以智能机器人作为 STEAM 教育的载体。机器人课程具有先进性、系统性,突出教育理念与教育技术以及信息技术之间有机整合的特点。机器人课程由工程挑战创设学习环境,学生使用各种软硬件技术平台,学习并应用数学及科学领域的知识和技能,实现了 STEAM 教育的内涵式整合,逐步融入程序设计、电子学、机械设计等更多学科领域,实现了 STEAM 教育的外延式扩张。

二、STEM 教育产生的背景

早在 20 世纪 80 年代,美国就提出了 STEM 教育。1986 年,美国国家科学委员会发表了《本科的科学、数学和工程教育》报告,该报告针对大学本科教育中存在的问题,提出了要重视科学、数学和工程教育,为国家的发展做好准备。该报告被普遍视为美国 STEM 教育的开端。2006 年 1 月 31 日,时任总统布什发布《美国竞争力计划》,提出培养具有 STEM 素养的人才是全球竞争力的关键。此后,STEM 教育逐步受到重视。2011 年时任总统奥巴马推出新版的《美国创新战略》,开展"创新教育运动",加强 STEM 教育,动员全国力量支持所有的美国学生发展高水平的 STEM 知识和技能。2015 年,奥马巴签署《STEM 教育法(2015)》,将计算机科学也纳入 STEM 教育,进一步拓展了 STEM 教育的内涵,这也标志着 STEM 教育在美国的全面发展。奥巴马对于 STEM 教育的呼吁,进一步引起了美国以及世界各地对 STEM 教育的广泛关注。2016 年,美国又出台了《STEM 2026》,对于 STEM 教育在未来十年的发展提出了新的愿景。特朗普于 2017 年 9 月签署《总统备忘录》,宣布每年至少投资 2 亿美元用于 STEM 教育项目,提供高质量的 STEM 和计算机科学及编程课程,培养儿童的 STEM 知识和技能。2017 年《美国竞争力计划》提出,知识经济时代培养具有 STEM 素养的人才是具有全球竞争力的关键,并呼吁大力加强对 STEM 教育的投入。

除美国之外,英国在 2002 年的时候就已经把 STEM 教育正式写入政府文件,2017 年 1 月又出台了《建立我们的工业战略绿皮书》。这份报告中提出,在英国的现代工业战略中,技术教育是核心,同时还将促进数学教育的发展和解决 STEM 技能短缺问题。澳大利亚政府发布了 STEM 教育国别比较报告,发现 STEM 教育强国有六大特征:尊重教师,薪酬丰厚,工作于贤能理政的生涯环境;对学科内容有必修要求;积极改革课程,较多运用参与性、探究性、批判性、创造思维的教法;科技职业声望有加;有战略眼光的 STEM 政策框架;激励协调行动的大目标。德国 2008 年制定了《德累斯顿决议》,将 STEM 教育列为教育发展重要目标。芬兰是一个创新性很强的国家,他们历来非常重视"做中学",早在 20 世纪 90 年代就出台了 LUMA 计划。LUMA 是芬兰语的 STEM,这项计划的目标是加强 STEM(科学、技术、工程、数学)教育实践和加强学生对这些学科的学习兴趣。

在中国,STEM 教育初步进入国策视野。2015 年 9 月教育部发布的《关于"十三五"期间全面深入推进教育信息化工作的指导意见(征求意见稿)》明确提出:要"探索 STEAM 教育、创客教育等新教育模式"。2016 年,《教育信息化"十三五"规划》提出:"有条件的地区要积极探索信息技术在'众创空间'、跨学科学习(STEAM 教育)、创客教育等新的教育模式中的应用,着力提升学生的信息素养、创新意识和创新能力,养成数字化学习习惯,促进学生的全面发展,发挥信息化面向未来培养高素质人才的支撑引领作用。"这个纲领性的文件,标志着我国正式踏入 STEM 教育改革的队伍中。STEM 教育作为今后发展的大趋势,对于我国教育教学方式的革新有着更加重要的价值和意义。2017 年 6 月 20 日,中国教育科学研究院发布了《中国 STEM 教育白皮书》,其中提出:STEM 教育应该纳入国家创新型人才培养战略;STEM 教育是一场国家终身学习活动;STEM 教育是跨学科、跨学段的连贯课程群;STEM 教育是面向所有学生的培养综合素质的载体;

STEM教育是全社会共同参与的教育创新实践。相比之下，虽然我国在推动STEM教育上已有所行动，但仍没有支持STEM教育全方位发展的专门政策和行动，缺乏相应保障和激励机制。近年来，STEM教育理念在我国愈来愈受到关注和重视，相关学术机构、学校等成立了系列STEM教育机构，开展了以STEM为主题的系列实践活动。如2015年6月，上海科学教育中心联合200余家单位成立"上海STEM教育联盟"，为青少年STEM领域爱好者提供免费便捷的线上及线下STEM学习机会和资源。2016年10月，"粤港澳促进STEM教育联盟"成立，致力于促进粤港澳地区STEM教育在中小学的应用实践。STEM教育作为一种培养未来综合性人才的教育模式，注重数学、科学、工程、技术等知识密集型经济所需的基本技能与综合能力的培养，对我国的基础教育发展具有重要启示与指导意义。

STEM教育在中国的实践虽然刚刚兴起，但是在几个方面目前已经能够看到成效。第一，各地正在积极探索STEM教育的推进方式，深圳、江苏、成都等地均出台了政策文件，开展STEM教育项目或开设STEM课程。第二，全国各地一批STEM教育机构正在逐步发展。目前，社会上涌现出了很多有影响力的STEM教育机构和组织，如上海STEM云中心、中国STEM教育协作联盟等。第三，基于问题的教学方法、基于项目的教学方法、基于真实环境的教学方法等STEM教育常用的教学方法在一些学校开始实践与推广。第四，一些比较优秀的高中和高校相结合，落地了一批STEM主题实验室。

从时代背景来看，目前我们处在一个技术高度变革的时代，从互联网、物联网、人工智能到智能制造，所有这一切不仅改变了我们的生活方式，也改变了我们的生产方式，特别是对于未来的就业和产业发展所需要的人才提出了新的要求。在这个过程中，未来的人才竞争主要是知识技能的竞争，各国都非常重视人才的培养，但是各自采用的方法手段有所不同。从国际经验中，我们可以看出STEM教育作为培养学生探究能力、批判思维能力以及与人沟通的能力的载体，具有非常好的效果。因此，在这个时代背景下开展STEM教育非常重要。在这样的背景之下，中国要想实现中国梦，实现产业结构升级，STEM教育就变得尤为重要。

三、STEM教育的核心特征

STEM教育中四门学科的教学必须紧密相连，以整合的教学方式培养学生掌握知识和技能，并能进行灵活迁移，应用于解决真实世界的问题。融合的STEM教育具备新的核心特征：跨学科、趣味性、体验性、情境性、协作性、设计性、艺术性、实证性和技术增强性等。

(一) 跨学科

将知识按学科进行划分，对科学研究、深入探究自然现象奥秘和知识模块划分等有所助益，但其难以反映我们生活世界的真实性和趣味性。因此，分科教学（如物理、化学）在科学、技术和工程高度发达的今天已显出很大弊端。针对这一问题，理工科教育出现了取消分科、进行整合教育的趋势，STEM 教育因此应运而生，跨学科性是它最重要的核心特征。

跨学科意味着教育工作者在 STEM 教育中，不再将重点放在某个特定学科或者过于关注学科界限，而是将重心放在特定问题上，强调利用科学、技术、工程或数学等学科相互关联的知识解决问题，实现跨越学科界限，从多学科知识综合应用的角度提高学生解决实际问题能力的教育目标。

(二) 趣味性

STEM 教育强调分享、创造，强调让学生体验和获得分享中的快乐感与创造中的成就感。STEM 教育在实施过程中，会把多学科知识融于有趣、具有挑战性、与学生生活相关的问题中，问题和活动的设计能激发学生内在的学习动机，问题的解决能让学生有成就感，因此具有趣味性。

(三) 体验性

STEM 教育不仅主张通过自学或教师讲授习得抽象知识，更强调学生动手、动脑，参与学习过程。STEM 提供学生动手做的学习体验，学生应用所学的数学和科学知识应对现实世界问题，创造、设计、建构、发现、合作并解决问题。因此，STEM 教育具有体验性特征，学生在参与、体验获得知识的过程中，不仅获得结果性知识，还习得蕴含在项目问题解决过程中的过程性知识。这种在参与、体验中习得知识的方式对学生今后的工作和生活的长远发展会产生深刻影响。

(四) 情境性

STEM 教育具有情境性特征。它不教授学生孤立、抽象的学科知识，而强调把知识还原于丰富的生活，结合生活中有趣、有挑战的问题的解决完成教学。STEM 教育强调让学生获得将知识进行情境化应用的能力，同时能够理解和辨识不同情境的知识，即能够根据知识所处背景信息联系上下文辨识问题本质并灵活解决问题。STEM 教育强调知识是学习者通过学习环境互动建构的产物，而非来自于外部的灌输。情境是 STEM 教育重要而有意义的组成部分，学习受具体情境的影响，情境不同，学习也不同。只有当学习镶嵌在运用该知识的情境之中，有意义的学习才可能发生。教师在设计 STEM 教育项目时，项目的问题一方面要基于真实的生活情境，另一方面要蕴含着所要教的结构化知识。这样，学生在解决问题的过程中，不仅能获得知识，还能获得知识的社会性、情境性及迁移运用的能力，进而获得社会性成长。

（五）协作性

STEM 教育具有协作性，强调在群体协同中相互帮助、相互启发，进行群体性知识建构。STEM 教育中的问题往往是真实的，真实任务的解决离不开与其他同学、教师或专家的合作。在完成任务的过程中，学生需要与他人交流和讨论。建构主义指出，学习环境的四大要素包括"情境""协作""会话"和"意义建构"。STEM 教育的协作性就是要求学习环境的设计要包括"协作"和"会话"两要素：让学生以小组为单位，共同搜集和分析学习资料、提出和验证假设、评价学习成果；同时，学习者通过会话商讨如何完成规定的学习任务。需指出的是，小组学习最后的评价环节以小组成员的共同表现为参考，而不是根据个人的表现进行独立评价。

（六）设计性

STEM 教育要求学习产出环节包含设计作品，通过设计促进知识的融合与迁移运用，通过作品外化学习的结果、外显习得的知识和能力。设计出创意作品是获得成就感的重要方式，也是维持和激发学习动机、保持学习好奇心的重要途径。因此，设计是 STEM 教育取得成功的关键因素。按照科学和数学的规律开展设计实践是科学、数学、技术与工程整合的重要途径。

（七）艺术性

也有人提出 STEAM 的概念，强调在 STEM 中加入"Arts"学科。这个"A"狭义上指美术、音乐等，广义上则包括美术、音乐、社会、语言等人文艺术，实际代表了 STEM 强调的艺术与人文属性。STEM 教育的艺术性强调在自然科学教学中增加学习者对人文科学和社会科学的关注与重视，STEM 教育的艺术性是以数学元素为基础，从工程和艺术角度解释科学和技术。

（八）实证性

实证性作为科学本质的基本内涵之一，是科学区别于其他学科的重要特征，也是科学教育中学习者需要理解、掌握的重要方面。STEM 教育要促进学生按照科学的原则设计作品，基于证据、验证、假设，发现并得出解决问题的方案；要促进学生在设计作品时，遵循科学和数学的严谨规律，而非思辨或想象，让严谨的工程设计实践帮助他们认识和理解客观的科学规律。总之，STEM 教育不仅要注重科学的实证性，更强调跨学科情境中通过对问题或项目的探索，培养学生向真实生活迁移的科学精神和科学理性。

（九）技术增强性

STEM 教育强调学生要具备一定技术素养，了解技术应用、技术发展过程，具备分析新技术如何影响自己乃至周边环境的能力。在教学中，它要求利用技术手段激发和简化学生的创新过程，并通过技术表现多样化成果，让创意得到分享和传播，从而激发学生的创新动力。STEM 教育主张技术作为认知工具，无缝地融入教学各个环节，培养学生善于运用技术解决问题的能力，增强个人驾驭复杂信息、进行复杂建模与计算的能力，从而支持深度学习的发生。

四、STEM 教育课程的特点

STEM 教育作为跨学科整合课程的一种方式，它的课程具有如下特点：

（1）STEM 教育课程（以下简称"STEM 课程"）强调多种学科知识和方法相结合。主要指综合运用科学、工程、技术及数学知识和方法去解决问题，而不是以某一学科知识体系为中心。

（2）STEM 课程是一门跨学科整合的课程，而不是"科技活动"，包括一系列的教学要素。课程实施过程包括明确的教学主题、教学目标、教学进度、教学策略、学生实践和教学评价等内容。

（3）STEM 课程的学习主题主要来源于社会、日常生活和学生自身，学习活动多以围绕主题的事实进行观察、探究。STEM 课程打破了学科知识之间的壁垒，跨越了学科知识和社会知识的鸿沟。

（4）STEM 课程以项目学习为基础，其核心是以问题驱动激发学生发现问题需要，强调通过科学探究方法获得隐含在问题背后的知识，强调以工程设计的思想规划学生作品制作方案，以问题解决的方式组织课程内容。

（5）STEM 课程强调学生在学习过程中采用多种学习方式进行学习，学生通过体验、观察、记录、设计、创造、动手制作、完成作品等一系列活动，达到"做中学"，并能在学习活动中学会综合运用跨学科知识分析并解决复杂的问题。

（6）STEM 课程以培养学生的自主性、主动性和创造性为目标。它强调要关注学生在学习的全过程中的表现，从而依照其创造性和个性特色检查学习的质量。

（7）STEM 课程的评价是一种形成性评价。形成性评价又是一种过程性评价，是多元评价，而不是与某个"科学参照"标准进行比较的评价。STEM 教育的学习评价是以学生已有的发展基础为评价标准，评价重点在于评价学生的发展层次和发展水平，为此，在 STEM 教育课程实施的各个阶段，要收集学生在每一个学习环节具体详细的信息，以检验学生是否能够有效实现学科知识与能力的转化融合，并反思 STEM 教育课程设计可能存在的问题。

（8）STEM 课程的实施强调团队合作，在团队内协同设计、协同制作、协同测试、协同修改完善学习作品，在团体中分享成果，从而获得创造的成就感。

五、STEM 教育的内涵与原则

（一）STEM 教育的内涵

各国对于 STEM 的认知并不相同，而且是一个动态的不断变化的过程。我们认为，STEM 教育在中国当前的背景下具有五个方面的内涵：

（1）STEM 教育应该纳入国家创新人才培养战略。

（2）STEM 教育应该是一场国家终身学习运动。

（3）STEM 教育是跨学科、跨学段连贯的课程群。

（4）STEM 教育是面向所有学生的、培养综合素质的载体，也是培养学生技能的载体。

（5）STEM 教育应该是全社会共同参与的教育创新实践。

（二）STEM 教育的指导原则

1. 开放原则

STEM 是一个需要全社会共同参与的项目，所以需要在各方同意的情况下，自愿推动知识的扩散和技术转移。

2. 合作原则

通过政策对话，共享最新的案例和经验，以及应对全球共同挑战，来鼓励全球各方进行合作。

3. 协同原则

鼓励增强各行动组成员创新体系内的协同合作，构建活力、合作、包容的新 STEM 生态系统。支持市场竞争、可预测性以及良好的基于实证的政策制定机制和监管问责机制。

4. 包容原则

鼓励采取行动,尽最大可能为弱势群体提供 STEM 教育和其他机遇,促进教育公平。

5. 创新原则

鼓励建立 STEM 创新学习生态体系,为学生提供多元的个性化学习空间。

六、STEM 教育的创新行动计划

(一) 促进 STEM 教育政策顶层设计

从国际经验来看,STEM 教育取得成效的国家均有顶层设计,这一点非常重要。只有在国家层面上有了顶层设计,才能把我们的教育和国家战略、人才战略密切结合起来,才能打通学段。从国家层面进行顶层设计,统筹考虑国家产业发展、人才储备、各级各类教育,形成需求、政策、制度、内容、评估、经费相配套的一体化战略,既能有目的地培养创新型人才,也能提供适宜于创新人才成长的环境、吸纳世界优秀人才来华的政策。只有这样,我们才能在人才竞争中保持优势,早日建成创新型国家。

(二) 实施人才培养畅通计划

STEM 教育应该是终身教育,是从小到大的学段贯通的,否则就缺乏连续性。如果底端没有做好兴趣的培养和技能的储备,那么在高端开设的课程就会缺乏知识和技能基础。我们目前最大的问题就是我们的学段之间相互割裂,STEM 课程没有做成一个体系。这是我们未来要改变的事情。注重培养中小学生学习 STEM 的兴趣,奠定必要的基础;引导职业学校学生树立工匠精神,强化 STEM 技能技术训练;鼓励大学生积极投身 STEM 领域,提高科技创新能力和就业创业能力。完善 STEM 教育课程教学体系,促进各学段 STEM 教育的有效衔接,疏通学生学习渠道,融通学生学习内容。

(三) 建立资源整合和师资培养的平台

成立专业的 STEM 教师发展平台,吸引全国高校及地区教师培训机构加入,共同打造 STEM 师资培训高地。同时,我们拟以"大中小为核心,政府干预,第三方积极协助"的合作模式促进 STEM 教师的专业发展。

（四）建设 STEM 教育相应的标准与评价体系

标准是推动 STEM 教育有序发展的保证。无论是课程还是目前与 STEM 相关的各类产品和服务，都应该有相应的标准才能够有序地推动 STEM 教育的发展。为此，我们将在国际经验基础上，结合中国实际，与中小学、社会机构等联合开发符合中国未来创新人才发展需求的课程、产品、服务等，并建立科学的评价体系，促进中国 STEM 教育的有序与高效发展。

（五）打造一体化 STEM 教育创新生态系统

STEM 教育是一个创新协作的生态系统，不是单一的一个机构所能完成的，我们应与各种社会力量协作，建立基于地区特色的 STEM 实践社区。同时，我们倡议博物馆、青少年宫、科技馆等社会机构积极开放空间，成为 STEM 教育非正式学习的组成部分。我们也倡议媒体加强 STEM 教育的宣传报道，推动形成全社会重视的 STEM 育人环境，构建一体化 STEM 创新生态系统。

（六）打造服务经济的教育与人才战略高地

开展 STEM 教育最核心的一个目标：希望为整个国家人才培养战略服务。推动全社会统一思想和认识，确立以科技人才和创新创业人才为主的创新型人力资源在国家未来发展中的战略地位；动员全社会资源在达成共识的基础上积极参与、交流协作和多元投入；以推动创新型人才培养和工程教育、创新创业教育为抓手，加快我国教育和科技体制改革步伐。

（七）推广 STEM 教育的成功模式

STEM 教育的实施是一个系统性工程，靠自我摸索需要花费很大的工夫。为此，我们一方面通过借鉴国际经验，指导一些学校进行 STEM 教育的系统实验，成功后向其他学校进行推广；另一方面，总结现有的一些做得比较好的 STEM 教育案例，进行经验介绍和模式推广。

七、STEM 教育体系的构建

STEM 教育体系是教育体系的一个子系统，是对 21 世纪课程理念改革和教学形式变革的积极回应，是教育体系自我发展和完善的新事物、新理念，它涵盖的基本内容应是教育体系内的要素和内容，并对其内涵有新的发展和诠释。由此，STEM 教育体系可理解为：为提高学生核心素养，按照跨学科、学科整合等形式,培养人的全面发展时,不同层次、不同类型、不同形态的组织整体。中小学 STEM 教育体系的基本含义是:STEM 教育体系需要教育政策、学科课程、活动课程、教师、有效教学、评价等共同发挥作用。政策是前提,学科课程、活动课程与有效教学是关键,教师发展是保障,科学评价是引领。这六个基本内容在不同条件下相互作用、牵制而形成交互状态,经彼此拉动、牵引、碰撞、扩张而产生既相对闭合又独立开放的合力,促进 STEM 教育体系的发展。

STEM 教育体系是动态的、开放的,各要素对该体系都会产生影响——促进或者抑制其健康发展。在 STEM 教育推进过程中,要整合政府、研究人员、教师及社会团体等力量,促进 STEM 教育体系的可持续发展。政府要在制定规划、出台政策、提供经费、完善制度、培训师资等方面提供支持;研究人员及教师要在 STEM 政策研究、课程建设、教学模式探索、评价体系构建等方面发挥科研引领和实践示范作用;社会团体要主导非正式 STEM 教育协同发展,提供校外学习和活动的场所、资源等。

八、STEM 教育与创客教育的区别和联系

(一) 创客与创客教育

创客最早起源于 2001 年由美国麻省理工学院比特与原子研究中心发起的 Fab Lab(Fabrication Laboratory)创新项目。"创客"一词来源于英文单词 maker,是指出于兴趣与爱好,努力把各种创意转变为现实的人。创客又分为三个层面:创意者,创客中的精灵;设计者,创客中的魔法师;实施者,创客中的剑客。

高校创客教育:祝智庭教授等把创客教育分别从广义和狭义两个层面进行了解释。广义上的创客教育应是一种以培育大众创客精神为导向的教育形态。狭义上的创客教育则应是一种以培养学习者,特别是青少年学习者的创客素养为导向的教育模式。它包含正式学习,也包含贯穿学习者一生的非正式学习。

中小学创客教育:创客教育是创客文化与教育的结合,基于学生兴趣,以项目学习的方式使用数字化工具,倡导造物,鼓励分享,培养跨学科解决问题能力、团队协作能力和创新能力的一种素质教育。

(二) STEM 教育与创客教育的联系

STEM 教育和创客教育都是基于项目学习和问题学习,进行实践和探究,

都强调跨学科学习（跨界）和多学科融合，注重动手、实践、体验和过程，都经历了"玩中做、做中学、学中做"的过程。这是两个概念对于当前教育教学改革和发展最大的贡献。

（三）STEM 教育与创客教育的区别

STEM 教育是以课程为核心，以项目学习为主要学习方式；创客教育以活动（运动）的形式呈现。STEM 教育只强调课程的学习，不强调创新；创客教育更注重在项目学习中培养学生的创新能力，以创新能力培养为目标，在课程中体验，在活动中创新，强调学、做、创合一。STEM 和创客的关系比较微妙。这两个发端自不同领域的概念既有共通的地方，也有相异的地方。在推动信息技术应用的过程中，如果在形式上需要多种学科整合，称之为 STEM 教育较为妥当；如果需要创新出某种制品，则称之为创客教育较为妥当。

九、开展 STEM 教育的实施策略

（一）组建跨学科研究团队

对于 STEM 教育而言，组建跨学科研究团队十分必要。研究团队既要有具备一定 STEM 教育理论的研究人员，又要有跨学科知识的一线教师，以保障 STEM 教育实践研究的顺利实施。一方面，研究者需要深入了解信息化教学设计、STEM 教育的相关研究成果，具备扎实的理论基础及研究经验；另一方面，中学的校领导和一线教师需要与研究者结成紧密的合作关系，通过理论与实践相结合的方式共同开展行动研究。

（二）基于问题开展研究

开展 STEM 教育是我国基础教育发展的热点，STEM 教育研究既要借鉴当前国际 STEM 教育的相关理论与实践，又要针对我国中学生的现状和问题，以问题为导向，制定适合我国 STEM 教育的设计方案，并在合作学校开展行动研究，进而提出建议、完善方案。

（三）综合多种研究方法

STEM 教育探讨中学生学习问题时，需要综合运用文献研究、问卷调查、课堂观察和行动研究等研究方法。其中，文献研究法是指收集国内外 STEM 教育的相关研究文献、实践案例以及中学生探究学习的研究成果，分析我国

STEM教育研究取得的成果及存在的问题，并从学理层面解读STEM教育对中学生探究学习的指导作用；行动研究法则指在自然、真实的学习环境中，按照一定的操作程序，以解决中学生探究学习中存在的实际问题为目标，不断验证与完善中学生探究学习的实施策略。

（四）形成便于传播和应用的研究成果

开展STEM教育研究，需要在深入了解国内外STEM教育相关研究成果的基础上，分析中学生探究学习的相关问题，提出中学生探究学习的活动设计与实施策略。把具体的实施过程录制成直观的视频案例、撰写成指导手册，可以为其他学校实施STEM教育提供经验与借鉴，不仅形成便于传播和应用的研究成果，而且也可作为优质资源用以提升教学质量。

十、STEM课程教学活动的设计

（一）选择STEM课程学习主题

STEM教育是跨学科整合课程的一种方式，其课程的学习主题不同于一般的学科教学。STEM课程学习主题的教学目标应具有多样性，除了学科知识和学科专项技能外，它还注重跨学科知识、跨学科技能的学习及跨学科思维的培养。STEM课程的学习主题还必须具有实践性，学生需要通过"做中学"来操练相关跨学科技能，以实践为依托将知识技能内化和外化。

（二）确定STEM课程的教学目标

STEM课程的总体教学目标是综合运用多门学科知识，在真实问题情境中进行探究式学习，从而培养学生的创新能力、实践能力、探索精神、协作意识和科学素养。在遵循总目标的前提下，STEM课程的教学目标可以分别从知识与技能、过程与方法、情感态度与价值观等不同角度描述。学生在教师的引导下，以小组为单位，利用多学科知识和方法，运用多种工具资源进行探索式学习，通过观察、思考、实践和感悟，掌握分析问题和解决问题的方法，通过真实体验和探索实践，提高学生动手解决问题的兴趣，培养学生勇于探究、主动参与、互帮互助的学习精神和学习目标。

（三）设计STEM课程学习活动

STEM课程学习活动的设计，就是教师根据教学目标、教学内容、教学情境灵活选择和设计学习活动，让学生通过参与活动进行学习，促进知识的内化，真正提高学生的学习效率。STEM 课程的学习活动包含多个教学环节，在不同教学环节和程序安排上有不同的特征，各个教学环节之间有其自身相对固定的活动逻辑步骤和每个环节应完成的教学任务。我们可以把学习活动内容分解为：①课题导入活动；②科学探究活动；③数学练习活动；④工程设计与技术制作活动；⑤学习扩展与联系社会活动。

（四）设计 STEM 课程学习支架

学习支架的形式有多种。在 STEM 项目学习中，最常用的有活动进程型学习支架，提供不同学习环节的进程顺序；有问题研讨型学习支架，提供在某一个学习环节中提出问题和开展研讨的活动方式；也有实验探讨型学习支架，提供在某一个学习环节中，如实验操作步骤、实验现象观察、实验数据获取等的方法。

（五）设计 STEM 课程学习评价

学习评价设计是 STEM 课程的一个重要环节，其目的是检验学习者是否达到课程目标，达成效果如何，以及为改进课程提供依据。STEM 课程的核心目标是培养学生的问题解决能力、协作能力和创新能力。

由于 STEM 课程目标的多元性以及 STEM 学习活动的复杂性，STEM 课程的学习评价是将过程性评价和总结性评价相结合，综合运用多种方法进行评价。典型的有观察记录、量规评价、汇报展示等方式。在运用这些具体方法时，应根据课程主题以及课程实施的实际情况选择和开发相应的评价工具。常见的有协作学习评价表、问题解决能力评价量表、STEM 作品评价量规等。

STEM 教育的评价应以过程性评价为主、总结性评价为辅，并采用多元评价对象，即教师、社会专家学者和学生均参与评价，主要是对学生的创造意识、问题解决能力和创造能力进行评估。过程性评价指教师和社会专家主要评估学生在学习过程中表现出的 STEM 素养、实践能力和探究意识。具体可以采用视频行为采集、过程记录表、在线学习行为记录、随堂测试等方式。学生互评主要是对同伴在学习过程中的表现进行评价，比如参与度、积极性等，促使同学之间互相鼓励。学生自评主要是学生对自己的表现情况进行评价。总结性评价指在教学活动结束之后，教师和学生对学习效果进行检验，看是否达到预期效果。在这里需要强调，评价不是目的，而是一种手段，STEM 教育的真正目的是让学生体验在真实情境中探究学习的过程，达到热爱学习、热爱生活的实质目标。

十一、STEM 教育存在的问题与前景展望

随着新一轮技术革命的到来，"互联网＋"、移动互联、云计算、大数据、物联网、虚拟现实、人工智能等新一代信息技术飞速发展，制造技术、信息技术、计算机技术等现代技术在教育中也得到创新性运用。我国很多中小学也开展了机器人、3D 打印、创客等一系列 STEM 活动，取得了一定的效果，但由于缺少政策支持、学科渗透、教学创新、教师发展、整合活动、有效评价等方面的系统建构和有效实施，学生科学素养和 STEM 整合性能力的发展都受到很大的限制。

基于国际 STEM 教育的经验，为有效提高 STEM 教育的效果，需要从政策、课程、教学、师资、活动、评价等方面着手，构建具有中国特色的 STEM 教育体系。2017 年 2 月 15 日教育部印发了《义务教育小学科学课程标准》，新标准对课程的理念、目标、内容、实施等给出明确标准，并将小学科学课程起始年级由三年级调整为一年级。标准还倡导近年来国际上流行的跨学科学习方式，即 STEM/STEAM 教育。2017 年 7 月 8 日国务院颁布《新一代人工智能发展规划》提出：实施全民智能教育项目，在中小学设置人工智能相关课程，逐步推广编程教育，鼓励社会力量参与寓教于乐的编程教学软件、游戏的开发和推广。支持开展人工智能竞赛，鼓励进行形式多样的人工智能科普创作。2017 年 9 月 25 日教育部印发《中小学综合实践活动课程指导纲要》提出：综合实践活动是国家义务教育和普通高中课程方案规定的必修课程，与学科课程并列设置。从小学到高中，各年级全面实施，小学 1~2 年级，平均每周不少于 1 课时；小学 3~6 年级和初中，平均每周不少于 2 课时；高中执行课程方案相关要求，完成规定学分。将中小学综合实践活动的方式分为考察探究、社会服务、设计制作、职业体验四大类。2018 年 1 月 5 日教育部印发《普通高中课程方案和课程标准（2017 年版）》，信息技术和通用技术等学科都涉及创客教育和 STEAM 教育的内容。由此可见，国家对 STEM 教育高度重视。

STEM 教育能够顺应社会发展的需求，对培养具有国际竞争力的创新型人才具有重要意义。STEM 教育的发展需要社会各界力量的积极参与，国家应从构建良好的 STEM 教育生态系统的角度，统筹和整合包括地方政府、高校、学术机构、企业、社会机构、中小学校等在内的社会各界力量，明确各个实施主体的角色定位，发挥各自优势并从不同层面切入，为 STEM 教育的开展提供支持，形成协同推进的机制与合力。此外，教育工作者需要进一步明确 STEM 教育的发展路径，加强 STEM 教育相关理论与实践层面的研究、

加强STEM师资力量的培养，开发STEM教育课程体系，探索STEM跨学科教育创新模式，优化学校教育生态，培植STEM跨学科创新教育文化与群体，使STEM教育成为推动我国教育变革、培养具有国际竞争力的创新型人才的重要动力。

第八章　管理体系建设

第一节　选课走班

按照国务院《关于深化考试招生制度改革的实施意见》(简称《实施意见》)和《广东省人民政府关于深化考试招生制度改革的实施意见》(简称《实施意见》),2019 年 4 月 23 日广东省人民政府发布了《广东省深化普通高校考试招生制度综合改革实施方案》(粤府〔2019〕42 号)(简称《实施方案》)。广东省《实施方案》的出台不仅是国务院《实施意见》和广东省《实施意见》的落实和推进,更是广东省新高考改革的计划表和操作指南。

2018 年秋季入学的高一学生根据这一高考改革的形势变化必须把自己的人生选择前置,把原来高三才面临的选专业问题前置到了高一,让学生从高二甚至高一就开始考虑高中毕业后的职业方向。如何最大限度地利用这三年时间做好生涯规划,成为更好的自己,为最终的职业选择、生涯规划做好准备,就显得尤为迫切和重要。而站在学校的角度,如何设计和组织学生选课走班以适应新高考招生改革需要,更是迫在眉睫。

一、新高考提出了选课走班的要求

2014 年 9 月 3 日国务院印发《关于深化考试招生制度改革的实施意见》,部署深入贯彻落实党的十八届三中全会关于推进考试招生制度改革的要求,进一步促进教育公平,提高选拔水平。《实施意见》的出台,标志着新一轮考试招生制度改革全面启动。

根据国家统一部署,广东省属于高考综合改革第三批试点省份,于 2019

年4月23日出台广东省高考综合改革方案,《实施方案》从2018年秋季入学的高中一年级学生开始实施,2021年高考按照新高考模式进行考试和招生录取。根据《实施方案》,本科高校考试招生和专科高校考试招生适当分开,分夏季高考和春季高考两类。本科高校考试招生主要安排在夏季进行,与现行高考时间一致,考试科目按"3+1+2"(必选+限选+任选)模式设置。高校录取时按"院校专业组"方式实行平行志愿投档,按照物理和历史分开划线、分开投档、分开录取。"3"代表语文、数学、外语3门高考核心科目,且数学不分文、理;"1"由考生在物理、历史2门科目中选1门;"2"由考生在思想政治、地理、化学、生物学4门科目中选择2门。相较于以往广东省高考的"文综""理综"考试模式,"1+2"既体现了物理、历史两门学科的基础性作用,突出了高校不同学科专业选才的要求,也更加注重学生的全面发展,提高学生的综合素质。同时,在这种模式下,学生可根据个人爱好、兴趣、特长和拟报考高校和专业的招生要求以及高中学校的办学条件,在12种组合中自主选择,增大了考生的选择面。另外,等级赋分解决了选考科目原始分不具有可比性的问题。新高考改革具体带来了如下的变化。

(1)考试科目上的变化。

取消文理分科,由原来的语文、数学、外语、文(理)科综合科目改为语文、数学、外语3门统考科目和1门(物理或历史)限选、2门任选科目。选考科目有12种组合,如表8-1所示。科学合理确定选考科目要从以下几方面考虑:第一,考生可根据个人志向、兴趣爱好、自身优势等因素,按照对各科的喜好程度进行选择。第二,考生要结合报考院校相关专业的要求进行选择。第三,考生可根据所在高中的办学条件、特色优势等进行选择。这将有利于学生个性发展。考试科目变化带来的将是选课走班的教学方式改革,促进学生全面而有个性发展,提高教育教学质量。

表8-1 新高考选考科目的12种组合

序号	物理科目组合	序号	历史科目组合
1	物理 化学 生物学	7	历史 思想政治 地理
2	物理 化学 思想政治	8	历史 思想政治 化学
3	物理 化学 地理	9	历史 生物学 思想政治
4	物理 生物学 思想政治	10	历史 地理 化学
5	物理 生物学 地理	11	历史 地理 生物学
6	物理 思想政治 地理	12	历史 化学 生物学

(2) 考试时间上的变化。

高中学业水平考试分为合格性考试和选择性考试,二者区别如表 8-2 所示。

表 8-2　广东省合格性考试和选择性考试对比

区别	合格性考试	选择性考试
考试科目	语文、数学、英语、思想政治、历史、地理、物理、化学、生物学、信息技术、通用技术、艺术(音乐或美术)、体育与健康等科目	思想政治、历史、地理、物理、化学、生物学
考试时间	语文、数学、英语 3 门合格性考试安排在每年 1 月考 1 次,思想政治、历史、地理、物理、化学、生物学 6 门科目每年考 2 次,安排在 1 月和 6 月开考	每年考 1 次,安排在 6 月统一高考科目考试结束后开考
考试成绩	以"合格/不合格"和等级(分数)呈现,等级(分数)是春季高考招生录取的依据之一	物理、历史为卷面分,思想政治、地理、化学、生物学以等级分呈现

相关链接一

广东省关于春季高考中的高职院校分类考试招生

广东省将高职院校考试招生与普通本科高校考试招生相对分开,主要安排在春季进行,实行"文化素质+职业技能"评价方式。

一是普通高中毕业生报考高职院校。文化素质成绩采用普通高中学业水平合格性考试语文、数学、英语科目成绩,逐步增加合格性考试科目要求;职业技能采用职业适应性测试成绩。报考高职院校除体育、艺术类专业外的其他专业,职业适应性测试采用高职院校自主命题测试或实行网上联合测试方式,安排在每年春季进行;报考高职院校体育类、艺术类专业,职业适应性测试成绩直接采用高三第一学期的专业术科全省统一考试成绩。

二是中职学校(含技工学校,下同)毕业生报考高职院校。参加文化基础与职业技能相结合的测试。文化基础重点考查中职学校学生公共基础知识,安排在每年 1 月进行;职业技能包括专业基础理论和专业基本技能,可由专业技能课程证书、国家职业资格证书、职业技能等级证书等体现,也可由学校组织测试,作为录取的资格或依据。

广东省将继续完善现行的"3+专业技能课程证书"统一考试考核办法,

其中"3"为语文、数学、英语3个科目,由省教育考试院统一组织实施,同时,逐步增加"专业技能课程证书"测试种类,对应更多的招生录取专业。需要说明的是,目前部分应用型本科高校的部分本科专业招收中职学校毕业生,也采用"3+专业技能课程证书"的考核评价方式。广东省还将逐步建立健全中职学校学业水平考试制度和综合素质评价制度。条件成熟后高职院校和应用型本科高校的应用型本科专业招收中职学校毕业生依据中职学校学业水平考试成绩和职业技能测试成绩,参考综合素质评价录取。

三是初中毕业生报考高职院校。实施中高职贯通三二分段、五年一贯制招生,逐步采用"文化素质+职业素养"的办法。"文化素质"逐步采用由地市统一组织的初中学业水平考试成绩,"职业素养"由高职院校根据考生报考专业的要求进行测试,其成绩作为录取的资格或依据,结合初中学生综合素质评价择优录取。

▶ **相关链接二**

广东新高考方案对应的课程与考试时间节点(见表8-3)

表8-3 与新高考相适应的课程与考试时间节点

学段	时间	考试	课程安排
高一上		—	开齐必修课程
高一下	6月	完成等级考试之外科目的学业水平考试	高一期末完成1+2选课,完成部分学业水平考试的课程的教学任务
高二上	10月	完成还没有完成的等级考试之外科目的学业水平考试	开设语数外+1+2选课等级考,和没有完成的学业水平考试科目课程
高二下	6月	完成思想政治、历史、地理、物理、化学、生物学6门限选、任选科目合格性考试	开设语数外+1门限选+2门任选科目
高三上	1月	完成语文、数学、英语3门科目合格性考试;思想政治、历史、地理、物理、化学、生物学6门限选、任选科目可再选择合格性考试一次	开设语数外+1门限选+2门任选科目
高三下	6月	语数外高考、等级考	开设语数外+1门限选+2门任选科目

相关链接三

新高考改革方案实行后学生与之相适应的各学段大事表（见表8-4）

表8-4　高中学生各学段大事表

学段	学生学习生活安排的重点
高一上	适应高中生活，探索自身特点
高一下	夯实科目基础，认知专业大类，做好选课准备
高二上	学好各科科目，进行背景提升
高二下	顺利完成学考，认知细分专业
高三上	探索自主招生，备战选考科目
高三下	冲刺高考考试，学习志愿填报

（3）在计分方式上的变化。

现行高考总成绩750分，语文、数学、外语3门各150分，"文科综合"/"理科综合"各300分，均是直接采用卷面分。高考综合改革后，考生总成绩750分，语文、数学、外语3门各150分，3门选择性考试科目各100分，其中，物理、历史2门直接使用卷面分，思想政治、地理、化学、生物学4门采用等级分，可参见表8-5。

表8-5　"3+1+2"记分方式的变化

3门统考科目	1门首选科目（2选1）	2门再选科目（4选2）
语文　150分 数学　150分 外语　150分 　英语　日语　俄语 　法语　西班牙语　德语	物理　100分 历史　100分	思想政治　100分 地理　100分 化学　100分 生物学　100分
按照卷面原始分计入高考总分	按照卷面原始分计入高考总分	卷面原始分按照等级赋分规则转换为等级分数后计入高考总分

广东省教育厅公布的思想政治等4门选择性考试科目等级赋分办法是：将每门科目考生的卷面分从高到低划分为A、B、C、D、E共5个等级，各

等级人数比例分别为17%、33%、33%、15%和2%。把A至E等级内的考生卷面成绩,依照等比例法则,分别换算为100~83、82~71、70~59、58~41和40~30共5个分数区间,得到每个考生的等级分。具体换算如图8-1所示。考生在某门科目中的成绩排序,转换前后不会发生变化。

等级	人数比例	赋分区间
A	17%	100~83
B	33%	82~71
C	33%	70~59
D	15%	58~41
E	2%	40~30

举例:某考生2017年政治原始成绩为75分,在当年考生中位于前2.39%,根据左表,该成绩位列B等级,该等级的等级分数区间为82~71分,从当年考试成绩中查询出该等级的原始分数区间为80~61分,假设其转换后的等级成绩为X,根据下面计算公式:

$$\frac{80-75}{75-61} = \frac{82-X}{X-71}$$

计算出来X≈79(四舍五入取整数),即为考生的等级成绩

注:此图参考广东省教育厅编写的《广东高考综合改革实施方案解读50问》。

图8-1 等级赋分的计算方法

等级赋分的优点是:一能够较好解决选择性考试科目之间分数不可比、学生选考科目分数不能直接相加参加高校招生录取的问题;二各等级的人数比例依据广东省往届考生的实际状况划定,符合广东省情;三能够确保考生每门选考科目成绩排位顺序不变;四能够最大限度保证考生的成绩具有良好的区分度,满足高校人才选拔需要。

(4)招生录取模式有变化。

现行普通高考是由招生学校依据考生的高考总成绩择优录取考生。从2021年起,广东省普通高校招生依据全国统一高考科目成绩和普通高中学业水平选择性科目考试成绩,并参考综合素质评价进行录取。高校在安排招生计划时,将分物理和历史两个类别分别编制;在录取时,把选物理的考生和选历史的考生按两个类别分编制专业招生计划,分开划线、分开投档、分开录取。其中,普通类专业依据考生高考总成绩(含政策性加分),参考综合素质评价择优录取;体育类、艺术类专业依据考生高考总成绩(含政策性加分)及相应的术科考试成绩,参考综合素质评价择优录取。综合素质评价信息的具体使用办法由各高校在招生章程中说明。考生以"院校专业组"方式填报志愿,一个"院校专业组"为一个志愿单位,主要实行平行志愿投档的统一录取模式。具体志愿填报方式和投档录取模式于2021年公布。

具体来说广东省招生录取工作将有如下变化：

一是合并录取批次。从2021年起，非提前批由现在的集中填报所有志愿（不含征集志愿）、分批次录取调整为不分批次、分段填报、分段录取。在实际操作时，分物理、历史两个类别，根据实际参考人数的一定比例，按照考生总成绩，从高到低分三段填报志愿和录取，使每段考生合理定位高校，增加填报志愿的针对性。具体做法是：第一段考生先填报志愿，随即投档录取；剩余计划重新公布，未被录取的第一段考生和第二段考生一起填报志愿后，再进行投档录取。以此类推。第三段志愿填报和录取后，如仍有专业未完成招生计划的，再行征集剩余招生计划志愿。

二是优化专业编排方式。根据招生院校所在省份分省编排，同一省份内按办学层次（本科、专科）、院校举办类型（公办学校、民办学校、独立学院、中外合作办学）集中编排，其中，同一所学校同时有本专科招生的，分开编排本专科计划。

三是合理设置志愿结构和数量。"院校专业组"由招生院校根据不同专业（含专业或大类）的选考科目要求和人才培养需要设置，一所院校可设置一个或多个"院校专业组"，每个"院校专业组"内可包含数量不等的专业，如图8-2所示。同一院校同一"院校专业组"内各专业对选考科目的要求必须相同。同一院校的不同"院校专业组"之间互无关联，符合填报资格的考生可以填报某所院校的一个"院校专业组"，也可以填报同一所高校的多个不同的"院校专业组"；既可以连续填报同一所高校的不同"院校专业组"，也可以间隔填报同一所高校的不同"院校专业组"。各招生类型的具体志愿数量将另行公布。

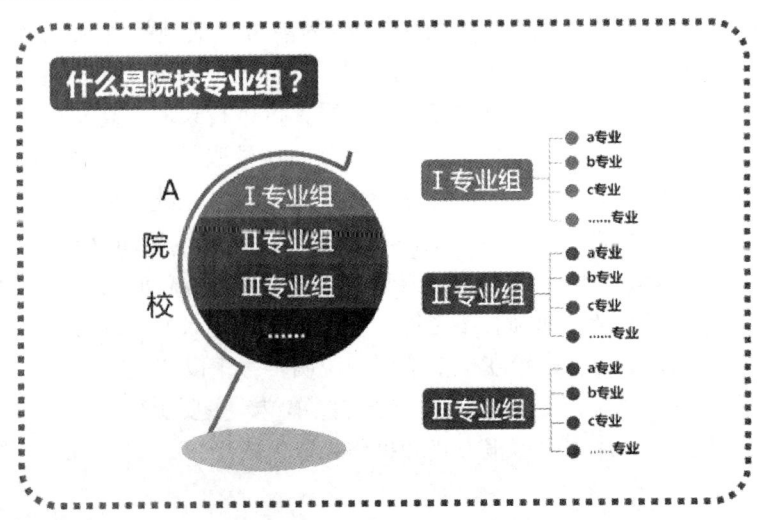

图8-2　院校专业组介绍

四是合理确定分段比例、志愿填报方式、志愿填报时间和投档操作办法。志愿填报与投档录取实施办法将另行公布。

（5）投档录取模式有变化。

现行高考的志愿设置是以一所学校为一个志愿单位，每所学校下可以填6个专业志愿和一个是否服从专业调剂选项。高考综合改革后，夏季高考招生按照"院校专业组"方式实行平行志愿投档，一所院校有若干个院校专业组，每一个院校专业组由若干个专业组成，同一个院校专业组内的所有专业的选考科目要求相同，志愿填报及投档以"院校专业组"为单位。

以 A 大学为例，该校有 20 个招生专业，按照原有模式只有 1 个院校代码，只是文、理科分开。按新高考方案 A 大学首先是按照物理和历史分开，假如要求选考历史的有 8 个专业，选考物理的有 12 个专业，分开之后，再根据思想政治、地理、化学、生物学 4 门选考科目要求来组合，选考科目要求相同的为 1 个组。如 8 个历史专业中有 3 个专业要求选考科目为历史 + 政治，另外 5 个专业要求选考科目为历史 + 地理，那么 8 个选考历史的专业就有 2 个院校专业组。以此类推，假如 12 个选考物理的专业分成 3 个院校专业组，那么 A 大学 20 个招生专业就一共分成 5 个院校专业组，就是等于 A 大学是有 5 个院校志愿单位，提供 5 个院校代码供考生选择填报，如图 8-3 所示。

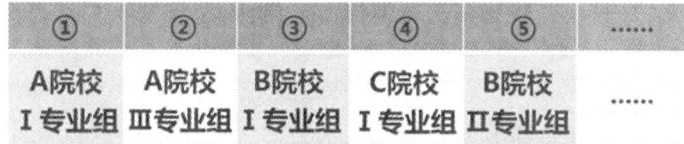

同一高校的不同"院校专业组"之间互无关联，符合填报资格的考生可以填报某所高校的1个"院校专业组"，也可以填报同一所高校的多个不同的"院校专业组"。

图 8-3　考生院校专业组志愿填报示例

由此看来，"院校专业组"意味着考生可以按照自己的兴趣特长，优先从专业角度选择高校并填报志愿。与现在志愿填报和录取方式相比，主要优势是扩大学生选择权，提高志愿满意度和满足率。

3. 选课走班的必然性

实施普通高中选课走班教学是普通高中人才培养的必然要求，是适应高考综合改革的举措之一，是一项旨在尊重学生个性差异、扩大学生学习自主选择权、满足不同潜质学生学习需要的重要举措，是因材施教、促进学生全面而有个性发展、提高教育教学质量的教学方式改革。

二、选课走班的基本原则

1. 稳中求进原则

选课指导的根本目的是为了指导学生更好地进行三年直至更长时间的学业规划和人生规划，所以选课指导要立足长远，对学生要进行全面和详细的调查与分析，并予以科学合理的指导。第一步收集学生对科目选择的数据；第二步根据学生第一次的科目选择，对学校的客观条件（师资、教室等）进行部分调整；第三步进行选课指导，为学生最终选课把好方向；第四步学生进行第二次选课，并开始走班教学。

2. 自主性原则

选课过程中必须充分发挥学生的主体地位，尊重学生的个人兴趣、特长及发展方向。对高中生而言，如何选课无疑是一场博弈，是选择自己擅长的科目还是便于填志愿的科目？究其本质，学生得先了解自己，了解自己的兴趣所在，了解自己最擅长的是什么。未来要读什么专业，与选课关系紧密！学生要亲自选课并确认，教师、家长可以提供建议，但不代表可以替学生进行选择。

3. 遵循校情的原则

选课走班过程中要重视学生的个体差异、学生生源的实际，兼顾学校师资团队、教学场地、课程特色，尽量为不同的学生提供个人发展的平台。学校尽量让学生有较大的选择余地，为了合理调控学生的学习负担，学校要对每学段的选课数量以及班级人数进行控制，合理安排学生参加"学考""选考"，"学考"重视首考，"选考"两次均要重视。

4. 科学发展原则

学校在设置课程时，要科学合理。根据学校的实际，努力做到既满足升学考试的需要，又有利于学生的长远发展，以适应未来社会的发展需要。

三、如何开展选课走班教学

1. 严格执行国家颁布的普通高中课程方案

开齐开足必修课程，创造条件开好选择性必修课程，积极开发精品选修课程，努力满足学生学习需要。学校不得为了增加选择性考试科目的课时而挤占其他非选择性考试科目的课时。

2. 着力加强队伍建设

通过"县管校聘"、教师区域走校、培养双学科复合型教师、购买服务、返聘优秀退休教师等多种措施，缓解教师结构性缺编压力。加强教师培训，加大对富余学科教师的转岗培训。

3. 着力改善办学条件

通过新改扩建部分高中、严格执行招生计划等措施，消除普通高中大班额。加强智慧校园建设，充分运用信息技术，逐步实现选课、排课、管理、评价等管理活动智能化。

4. 着力加强选课指导

建立学生发展指导中心，加强与学生家长的沟通交流，指导学生合理选课，减少选课的盲目性和功利性。学校不得强制学生选课。

5. 着力完善管理制度

探索与选课走班教学相适应的学校教学管理制度，构建行政班与教学班、班主任和导师制有机结合的班级管理制度。加强与选课走班教学相适应的教学管理和质量监控，探索学校教育教学质量监测评价的科学方法。

四、选课走班的基本模式

与"3+1+2"高考模式相适应的选课走班的基本模式一般分为以下三种，如表8-6所示。

表8-6 选课走班的四种模式

序号	模式	解读
1	不走班	向学生提供 n 种"3+1+2"的高考科目组合,然后将选课均相同的学生组成一个班(行政班),学生在固定的教室上课
2	小走班	部分学生或科目走班,即在尽可能满足学生选择的基础上,根据"能少走则少走"的原则,依据学生的选课结果,优先将三科选择相同的学生组成行政班,其次将两科相同的学生组成行政班,其他学科走班,最后组成一科或零科相同的班级
3	大走班	"3+1+2"的高考科目2科相同的学生组成行政班,剩下1科走班上课

1. 小走班模式优缺点分析(见表8-7)

表8-7 小走班模式的优缺点分析

优点	①能够满足学生的选择,落实选择性,有利于学生成长; ②由于部分班级完全不走班,部分班级只有一科走班,可避免因走班过多带来的管理难度,减少管理成本; ③教学班班数与行政班比较变化不大,教师和教室缺口也不是很大
不足	①高一成立的行政班需要重新组合,班级文化需要重新建构,师生需要重新熟悉; ②由于不同组合之间生源基础不同,根据组合固定行政班级后,班级之间形成多个层级,甚至出现学困生班、纯性别班,不利于学生成长; ③增加教师安排、课程编排、师生评价、集体备课、学科资源建设等难度; ④基于组合安排班级,受部分学生更换学科影响大

2. 大走班模式优缺点分析（见表8-8）

表8-8 大走班模式分析

优点	①完全满足学生选择需求，落实选择性，有利于学生成长； ②行政班基本不变，班级之间无层级差别，班级文化无须重构，有利于学生成长； ③基于学科安排走班，不会出现学困生班级、纯性别班级，部分学生更换学科基本无影响； ④教学班和行政班班数变化不大，教师工作量变化不大，校舍和师资需求少； ⑤教学班任课教师与原行政班任课教师变化少，师生熟悉程度高，便于教学管理和课后辅导； ⑥行政班不变，教学班生源均衡，便于教师安排、课程编排、师生评价、集体备课、学科资源建设
不足	所有学生都要走班，学生管理成本增加，需要改变原有的管理理念、管理策略

五、怎样组织学生自主选课

1. 明确学生选课的意义

（1）国家人才培养的需求。

《国家中长期教育改革和发展规划纲要（2010—2020年）》提出："关心每个学生，促进每个学生主动地、生动活泼地发展，尊重教育规律和学生身心发展规律，为每个学生提供适合的教育。"

《普通高中课程方案和语文等学科课程标准（2017年版）》提出：普通高中教育的"任务是促进学生全面而有个性的发展，为学生适应社会生活、高等教育和职业发展作准备，为学生的终身发展奠定基础"。

（2）教育功能的转变。

"快出人才、出好人才"到"人人成才、各尽其才"的转变。

（3）落实以人为本的教育理念。

①尊重高中教育规律。普通高中教育是基础教育，也是学生个性开始彰显的阶段，实施学生自主选课，是对高中教育规律的充分尊重，能促进学生全面而个性地发展。

②尊重学生权利。学生根据自己的兴趣、特长自主选课，是对学生自主

学习权利的充分尊重,是对学生学习内驱力的最大释放,是对学生个性发展的最大保障。

③促进学校特色发展。建立选课走班教学管理制度,才能落实《普通高中课程方案(2017年版)》中提到的必修课程全修全考、选择性必修课程选修选考的基本原则,真正落实高中学校办学自主权。高中教育将逐步走出千校一面的同质化现象,逐步走向特色化、多样化办学之路。

2. 正确指导学生合理选择

(1) 明确指导学生选择的基本思路。

①坚持"两个思路":对学生的职业规划、高校专业选择全面指导;根据学生的职业规划和高校专业选择指导学生选择学科。

②反对"两个思路":对学生的职业规划、高校专业选择指导不足;以将来能选择更多的专业为目的指导学生选择学科。

(2) 学生选课依据分析。

①学生确定的选考科目和将来填报专业决定了他们选择哪些课程,而影响学生选考科目和专业选择的因素又有很多,具体如图8-4、图8-5所示。

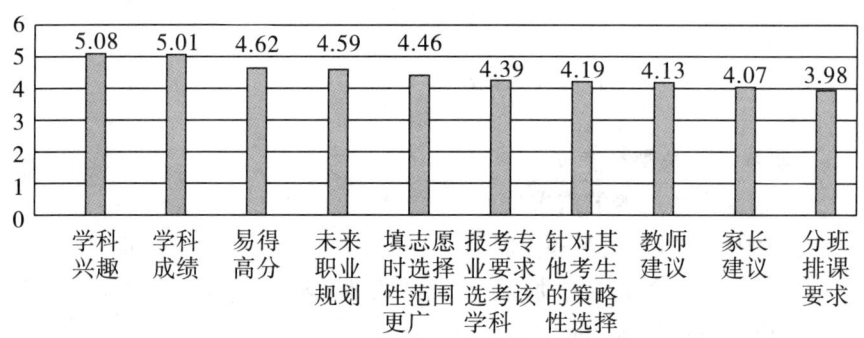

图8-4 影响学生确定选考科目的因素排序

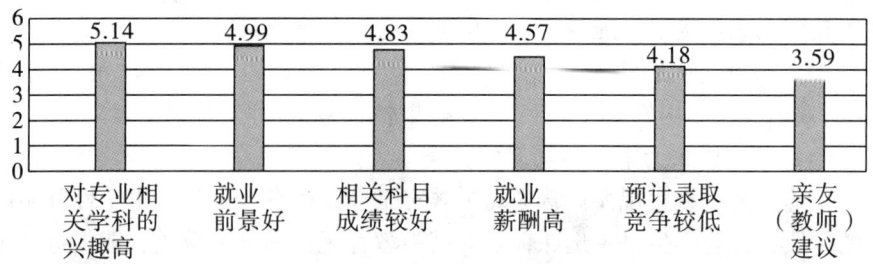

图8-5 影响学生填报专业的因素排序

②各科高考内容。学生对各学科高考内容及难度（特别是选择性必修内容）、高校专业等的了解，以及学科教师的教学水平、师生关系等都会影响学生的选课。

③高校专业及学科限制。学生对高校专业的课程内容、与高中学科的关系、就业方向等的了解，以及各个专业对理化生政史地等学科的限制也将影响学生的选课。

由于选考已不分文理科，招生录取也不再有文理之分，而是分为普通类（分提前录取和平行录取）、艺术类、体育类几个大类。其中，普通类也不再分一、二、三批次，而是根据实际参加考试的人数和考生高考总分，分成三段来填报志愿和录取，三段比例为实考人数的20%、60%（累计）、90%（累计）。在这种情况下，学生需要全面参考高校专业学科限制。

④性格与职业倾向。学生性格及职业倾向的测评数据（霍兰德职业兴趣测试的结果）可作为选课的参考。

⑤家庭社会资源。家庭成员的职业及社会关系也在一定程度上影响学生的课程选择。

相关链接四

2021年拟在广东省招生普通高校专业（类）选考科目的要求

根据《国务院关于深化考试招生制度改革的实施意见》（国发〔2014〕35号）和《广东省人民政府关于印发广东省深化普通高校考试招生制度综合改革实施方案的通知》（粤府〔2019〕42号）精神，省招生委员会、省教育厅将2021年拟在我省招生的省内外普通高校报送的专业（类）选考科目要求进行了汇总、整理。本次公布内容为2021年拟在广东省招生的普通高校专业（类）选考科目要求。

（1）各专业（类）选考科目要求，由普通高校根据教育部颁布的《普通高校本科招生专业选考科目要求指引（3+1+2模式）》，结合自身办学定位和专业培养目标，以及对学生学习要求自主确定。因培养要求不同，相同专业（类）在不同高校可能会有不同的选考科目要求。

（2）高校专业（类）选考科目要求分为首选科目要求和再选科目要求。首选科目要求从物理、历史2门科目中确定；再选科目要求从思想政治、地理、化学、生物学4门科目中确定。

（3）首选科目要求包括仅物理、仅历史、物理或历史均可3种。

①"仅物理"，表示首选科目为物理的考生才可报考，且相关专业

（类）只在物理类别下安排招生计划，如表8-9所示。

②"仅历史"，表示首选科目为历史的考生才可报考，且相关专业（类）只在历史类别下安排招生计划，如表8-10所示。

③"物理或历史均可"，表示首选科目为物理或历史的考生均可报考，且高校要统筹相关专业（类）在物理、历史类别下分别安排招生计划，如表8-11所示。

表8-9 首选"仅物理"的专业案例

院校代码	院校名称	招生专业名称	包含专业	招考方向	首选科目要求	再选科目要求
10558	中山大学	化学工程与工艺			仅物理	化学（1门科目考生必须选考方可报考）
10558	中山大学	化学类	化学、高分子材料与工程		仅物理	化学（1门科目考生必须选考方可报考）
10558	中山大学	环境科学与工程类	环境工程、环境科学		仅物理	化学或生物
10558	中山大学	基础医学			仅物理	化学和生物均须选考
10558	中山大学	计算机类	计算机科学与技术、软件工程、网络空间安全、信息与计算科学		仅物理	不提科目要求
10558	中山大学	交通工程			仅物理	化学（1门科目考生必须选考方可报考）
10558	中山大学	口腔医学			仅物理	化学或生物
10558	中山大学	临床医学		广州	仅物理	化学和生物均须选考

续上表

院校代码	院校名称	招生专业名称	包含专业	招考方向	首选科目要求	再选科目要求
10558	中山大学	临床医学		深圳	仅物理	化学和生物均须选考
10558	中山大学	生态学			仅物理	化学或生物
10558	中山大学	生物科学			仅物理	化学或生物

表8-10 首选"仅历史"的专业案例

院校代码	院校名称	招生专业名称	包含专业	招考方向	首选科目要求	再选科目要求
10558	中山大学	汉语言文学		珠海	仅历史	不提科目要求
10558	中山大学	汉语言文学		广州	仅历史	不提科目要求

表8-11 首选"物理或历史均可"的专业案例

院校代码	院校名称	招生专业名称	包含专业	招考方向	首选科目要求	再选科目要求
10558	中山大学	护理学			物理或历史均可	化学或生物
10558	中山大学	旅游管理类	旅游管理、会展经济与管理		物理或历史均可	不提科目要求
10558	中山大学	图书情报与档案管理类	图书馆学、档案学		物理或历史均可	不提科目要求
10558	中山大学	音乐表演			物理或历史均可	不提科目要求
10558	中山大学	工商管理类	工商管理、会计学		物理或历史均可	化学或生物
10558	中山大学	经济学类	经济学、金融学、国际商务	广州	物理或历史均可	不提科目要求

续上表

院校代码	院校名称	招生专业名称	包含专业	招考方向	首选科目要求	再选科目要求
10558	中山大学	外国语言文学类	英语、西班牙语、阿拉伯语、朝鲜语	珠海	物理或历史均可	不提科目要求
10558	中山大学	历史学		广州	物理或历史均可	不提科目要求

(4) 再选科目要求包括选择1科、2科或"不提再选科目要求"。

①选择1科的，表示考生必须选考该科目方可报考（例如：A高校的生物科学专业，首选科目要求选择"仅物理"、再选科目要求选择"化学"1科，考生必须选考"物理"和"化学"2科再加上其他任意1科就可报考）。

②选择2科的，有两种关系：一种为"或"的关系，即"考生选考其中1门即可报考"（例如：B高校的地理信息科学专业，首选科目要求选择"仅物理"、再选科目选择"地理"或"化学"，考生首选科目必须选考"物理"，再选科目在"地理"或"化学"中选择1科再加上其他任意1科即可报考）；另一种为"和"的关系，即"考生均须选考方可报考"（例如：C高校的生物工程专业，首选科目要求选择"仅物理"、再选科目选择"化学"和"生物"，考生首选科目必须选考"物理"，再选科目必须选考"化学"和"生物"2科方可报考）。

③选择"不提再选科目要求"的，表示考生符合高校提出的首选科目要求即可报考（例如：D高校的数学专业，首选科目要求"仅物理"，再选科目选择"不提再选科目要求"，考生选考科目中有"物理"加上再选科目中任意选择2科即可报考）。

(5) 高职高专院校提出首选科目和再选科目要求的，按照高校要求执行；未提选考科目要求的，由高职高专院校在2021年统筹相关专业（类）在物理、历史类别下分别安排招生计划。

(6) 因高校院系及专业（类）调整等原因，具体的招生高校及招生专业（类）可能会有调整变化，2021年在广东招生高校及招生专业（类）以2021年公布的院校招生章程及招生专业为准，我们会及时予以公告。2021年在粤招生本科高校和专科高校的选考科目要求可登录广东省教育厅官网查询。

（注：本链接中的部分内容摘编自广东省教育厅发布的《关于公布2021年拟在广东省招生普通高校专业（类）选考科目要求的说明》）

相关链接五

"3+1+2"模式下推荐的选科组合

根据广东省教育厅发布的《2021年在粤招生本科高校选考科目要求》统计,在广东省招生的全部25 366个本科招生专业(类)中,对"首选科目",要求必选物理的有11 969个专业(类),而要求必选历史的只有603个专业(类)。在"首选科目"选择物理,可以选择82%以上的专业(类),若选择"物理+生物",可选择范围提高到87%以上的专业(类),而若选择"物理+化学"则,可选择范围则进一步提高到近95%以上的专业(类)。覆盖率最高的是"物理+化学+政治",达到96.29%,覆盖率最低的是"历史+生物+地理",只有50.31%,但也超过了50%,具体如表8-12所示。

表8-12 广东省2021年普通高校本科招生专业(类)覆盖率

序号	选科组合	招生专业(类)覆盖率
1	物理、化学、政治	96.29%
2	物理、化学、生物	96.17%
3	物理、化学、地理	95.61%
4	物理、生物、政治	87.57%
5	物理、生物、地理	87.55%
6	物理、地理、政治	82.26%
7	历史、化学、政治	52.30%
8	历史、化学、地理	51.27%
9	历史、生物、政治	50.96%
10	历史、化学、生物	50.89%
11	历史、地理、政治	50.48%
12	历史、生物、地理	50.31%

基于选科大数据不难发现,首选科目选物理或历史决定了考生未来选择专业的大方向,首选物理的考生可选范围大于首选历史的考生。

下面推荐一些相对较好的组合,但这仅是提供一些参考和借鉴,具体选择还需要根据个人兴趣爱好和优势等决定。

1. 物理+化学+生物

这种选择方案是最传统、最纯净的"理科生"方案,死记硬背的内容相对较少,理解性、逻辑性要求比较高,可以覆盖绝大部分专业。

2. 物理+化学+政治

物化和政治联系不大,交叉性小,适合学霸选择。而且政治是考研必考科目,适合长远打算。

3. 物理+政治+地理

适合化学和生物较差的理科生,但可以有更多选择。

4. 物理+生物+地理

适合物理成绩优异、其他科目一般的学生,且对自己未来的职业发展方向无明确规划。

5. 历史+思想政治+地理

传统的文科组合,适合希望考取艺术专业、中文系、传媒专业,以及汉语言文学、新文学、社会学、国际政治等专业的考生。

6. 历史+思想政治+生物

适合希望考取语言类、体育类、医学类的普通学生。

7. 历史+化学+地理

文科中比较偏理的选择,适合不喜欢物理但逻辑较清晰、又不擅长记忆背诵的学生。

8. 历史+地理+生物

适合希望考取语言类、体育类专业的学生。

六、科学确定走班模式

学校根据学生的选课模拟数据,科学地确定走班模式。

一般来说,学校会组织学生多次(通常是2~4次)摸底模拟选课,可以尝试第一轮摸底后周末走班实行选课分班,最后一轮摸底选课后再确定最后的签字分班。以湖南省A重点中学"3+1+2"高考模式下初步选课分班数据来看看学校的选课走班情况,如表8-13、表8-14、和表8-15所示。

表8-13 学生"1+2"选课数据

序号	组合			选择人数	分班
1	物理	化学	生物	416	7
2	物理	化学	地理	303	5
3	物理	化学	政治	114	2
4	物理	生物	地理	121	2
5	物理	生物	政治	62	1
6	物理	地理	政治	47	1
7	历史	化学	生物	53	1
8	历史	化学	地理	35	1
9	历史	化学	政治	27	走
10	历史	生物	地理	43	1
11	历史	生物	政治	64	1
12	历史	地理	政治	81	1+1
				1 366	

表8-14 学生选课后的各科人数统计

科目	选课人数	所占百分比
物理	1 063	77.82%
历史	303	22.18%
化学	948	69.40%
生物	759	55.56%
地理	630	46.12%
政治	395	28.92%

表 8-15 A 中学 2018 级高一学生选课数据

科目组合	可报专业比例	校本部组合人数	比例	各班人数分布																分班	分校组合人数	比例	分班
				1班	2班	3班	4班	5班	6班	7班	8班	9班	10班	11班	12班	13班	14班	15班				
物理+化学+生物	96.8%	213	25.98%	28	17	27	20	8	24	21	17	9	11	6	3	9	5	8	4	416	30.45%	7
物理+化学+地理	95.9%	106	12.92%	9	9	7	10	6	13	4	8	7	6	10	4	6	2	5	2	303	22.18%	5
物理+生物+地理	92.0%	86	10.49%	1	7	3	5	6	6	6	7	12	6	4	3	4	8	8	2	121	8.85%	2
物理+生物+政治	92.3%	52	6.34%	2	1	4	2	6	4	2	1	1	5	0	7	2	10	5	1	62	4.54%	1
物理+化学+政治	95.7%	63	4.51%	4	6	3	3	11	3	4	2	0	5	3	7	6	4	2	1	114	8.35%	2
物理+政治+地理	92.1%	35	4.27%	1	2	1	1	4	0	5	4	1	5	2	3	1	1	4	走	47	3.44%	1

第二节 教学管理

一、新高考给学校教育教学管理带来的挑战

新高考给学校教育教学管理带来了深刻的变化和巨大的挑战,主要表现在以下五个方面。

挑战 1:刚性师资结构。

随着改革的全面推进,学生完全自主选课、走班教学、学生选课的不确定性与学校教师学科结构固化之间存在的矛盾日益突显。部分学生可能会倾向于选择高考竞争相对不激烈、容易得分的科目,从而造成教师专业结构无

法及时适应学生选课的教师"潮汐"现象。

挑战2：教学管理。

学校课程安排更为复杂，教学管理更为困难，课程资源体系建设更为系统，学生评价、教师管理、教学质量监控需要重构。

挑战3：设施资源。

随着改革的全面推进，高中多样化办学及学生个性化发展对普通高中学校现有人、财、物配套资源的要求越来越高。

普通高中学校教学空间有限，可用于走班的教学场地严重不足，选课走班更加剧了教学场地的紧张，造成部分学校出现经费困难等问题。

挑战4：技术层面的问题。

比如赋分的问题。2017年物理选考人数明显下降后，由于原有赋分办法缺少保障机制，没有"纠偏"功能，在学生和家长中造成一定程度的恐慌。

比如学考和选考时间安排不尽合理，影响了高中学校的课时安排和教学秩序。

挑战5：应试教育的一贯性。

一些地方和学校出现不按规律提前开课、过度补课、考试投机等现象。

二、应对新高考的策略

1. 思想层面：推进理念转变

选课走班不单纯是一种教学组织方式的变化，而是一种人才培养模式的变革。面对新高考改革，学校教育教学理念必须进行五个维度的转型与升级：一是从过去着重研究课堂转向研究教育教学全要素，强化课程意识和评价意识；二是从注重研究知识传承转向研究全面育人，重视研究如何培养学生的能力和核心素养；三是从过去重点研究教师的"教"转向重点研究学生的"学"，倡导以学生的学习为中心，推进学习方式变革，引导学生学会学习；四是从过去关注传统教学的研究转向关注基于信息化的教学的研究，促进信息技术在教学中的科学运用，实现信息技术与各学科教学的有效融合；五是从过去基于经验的教学研究转向基于实证和数据的教学研究，引导教学研究工作走向更加科学化和专业化的轨道。只有切实在理念上实现深度转型，学校的教育教学工作才能真正适应新高考改革和走班制对人才培养提出的新要求。

（1）要始终强调课改的价值和意义，秉持"只有适合学生的教育才是最好的教育"的改革理念，促进改革机制从行政推动走向内源发展。

（2）要端正课改的态度取向，坚持以"积小步、不停步"方式逐步深化各项课改，落实学生合理的选择权。

（3）要坚持教育发展的内在规律性，拒绝"功利至上主义"和"升学率是第一要务"倾向。

（4）要引导家长和学生理性适应新高考，引导学校纠正"学考会战"之类的不当做法，因地制宜地开展课程改革，扩大学校课改的自主权。

2. 学校管理层面

（1）做好学校教研规划。

做好教研规划，一方面有助于学校教研组聚焦研究目标，设定明确的任务书，画出清晰的路线图，拟定实施的时间表，让规划易操作、能落地、有监控，从而逐步深入地解决实施走班制带来的各种新问题，同时避免因教师时间的分散而导致教研被忽略或边缘化。

在做校本研修规划时，学校绝不能只图省事而因袭前路，更不能草率应付，而要针对走班制带来的新变化进行科学预测、充分调研，广泛听取教师的意见，多方征询专家的建议，制订出科学有序、切实可行的规划。

同时，还要做好统筹协调工作，把学校的规划进行细化分解，渗透到各个教研组的规划之中，这样才能实现组、校的有机对接，让学校的战略目标顺利落地，避免学校规划在纸上空转，教研组和学校各行其轨。有了这样的细致分解和精准对接，学校教研才可能在精心选定的主题统领下有序高效地展开。

（2）构建学校多层次多维度的管理体系。

①基于学科核心素养的差异化课程体系：增强选修课程与必修课程开发与开设的关联性、系统性。开发精品课程群、特色课程群、学科教室和在线课程。

②基于学生自主发展的新型教学管理体系：生涯规划教育（针对性、有效性）；教学班＋行政班"双轨"制（多样化助学、个别化学习和辅导）；"学生自主—统筹三年—按学力选课走班"教学体系；"跨年级—课程"教研（系统性和连续性）；智能化教育管理系统。

③开放动态的师资配置与管理机制：选考科目动态监测和动态师资配置机制；校际师资配置；教师工作考核与绩效评定制度、研训制度、学术制度。

3. 教育行政部门层面

（1）政府部门以目标为导向，通过报刊、网站、微博和微信等媒体，加大课改宣传力度，形成全社会共同关心、支持课改的良好舆论氛围。政府部门以问题为导向，及时解决高考综合改革过程中出现的突出问题。

（2）基教部门推进地方教育质量观转型，倡导绿色标准和绿色评价。

（3）督导部门要加强对各地课程改革的专项督导与巡查，及时发现问题，总结经验。

（4）教研部门通过实地调研、专题研讨和专家论证等多种形式主动参与教育课程改革的决策过程，包括政策制定前期的建言献策、政策执行过程的监测与评估。

三、选课走班教学的实施方案（参考）

1．选课走班教学的时间和学科

学校要为每个学生提供2次选课机会，分别在高一第一学期和高一第二学期结束前的适当时机，组织学生选课。高一第二学期结束前，物理、化学、生物、历史、地理、政治6门学科中做出学业水平（简称"学考"）和等级考试（简称"选考"）的选择，在省"学考"报名时做出最后选择（允许学生微调）。

确定该门学科为"学考"还是"选考"，也就是说高一结束前将报选的学考科目进行合格考试完毕，或者完成部分科目的合格考试，以保证在高二年级时可以有更多的时间进行"选考"科目的学习，高二开始物理、化学、历史、地理、生物、政治6门学科组织选课走班教学，每个学生只能从这6门科目中选择。

学科中3门作为"选考"科目，"选考"的科目可以在高二第二学期末完成合格考试。语文、数学、英语、体育、音乐、美术等其他学科不作选择，按行政班教学，可同时有效降低选课走班的管理难度。学生按需要可选择学校提供的知识拓展类、个性特长类、职业生涯类、传媒艺术素养类等课程，满足学生个性发展需要。

2．选课程序与指导

（1）选课准备。

高一年级开始职业生涯规划教育，高一第一学期结束时，组织学生利用高考改革实施管理系统中的测评功能进行职业性格、兴趣、学科兴趣测试，将获得的数据告知学生和家长。班主任、任课教师、生涯规划教师和校领导要了解本年级学生测试数据、大学招收条件、高考方案、校情等，为指导学生选课、职业规划指导提供依据。

在学校和教务处统一规划调度下，对高中课程结构、各学段所开设的模块内容、课时数及参加考试的时间，做出基本说明并提出相关建议。对选课流程、走班形式、教学班学生管理、教师评价等问题提前规划，讨论制定出相关的管理办法。

（2）选课指导的意义。

第一，选课指导有助于避免学生选课的盲目性。新的考试招生制度突出了人才的选拔，有利于学生的健康发展，更大层面上有利于学生根据自己的特长做出选择。新的课程结构较传统的课程结构表现出更大的灵活性、多样性和复杂性，学生由于其自身的局限，选课过程中往往会出现随意性大、杂乱零散的倾向。选课指导有助于避免学生选课的盲目性，有助于学生选课的计划性和合理性，有助于学生切实选择适合自己发展要求的课程来修习。

第二，选课指导有利于学生未来职业的选择和人生规划。普通高中毕业生面临着未来职业的选择和人生规划，而且新高考改革尤其突出养成学生根据自己的基础、潜力和未来社会发展的需要，来规划自己人生的能力。有效的选课指导可以帮助学生在选择课程和怎样选择等方面做出合理定向，指导学生形成符合个人特点的、合理的课程修习计划，为学生将来更好地进行职业选择、人生规划及形成合理的能力结构打好基础。

第三，选课指导为更好地实现教育目标。合理的选课指导能帮助学生科学选课，以形成正确的世界观、人生观和价值观；具有社会责任感；具有终身学习的愿望和能力；掌握适应时代发展和个性发展的基础知识和基本技能；学会收集、判断和处理信息；具有初步的科学与人文素养、环境意识、创新精神与实践能力；具有强健的体魄、顽强的意志，形成积极健康的生活方式和审美情趣；初步具有独立生活的能力、职业意识、创新精神和人生规划能力；正确认识自己，尊重他人，学会交流与合作，具有团队精神；理解文化的多样性；初步具有面向世界的开放意识。

（3）选课指导的实施。

认真做好宣传发动工作。召开教师会，加深教师对选课和走班教学的认识，明确教师的责任；召开学生大会，宣讲学校课程实施方案，宣传学生选课的意义、程序和方法，使学生了解新课程及学校对选课的要求，让学生家长了解选课和走班的意义及选课走班系统的操作步骤和方法，指导学生合理、科学地选择课程。

成立选课指导委员会。学校成立相应的选课指导委员会，旨在帮助和指导学生做出正确合理的选择。建立学生导师制，年级组把各班学生分配到各位导师名下，导师具体负责学生的选课指导。

（4）选课阶段的工作安排。

①学校开会动员，就选课的意义、原则、操作方法、注意事项等向学生及家长做出明确解释，同时发放选课实施方案及有关政策文件。

②由学校统一安排教师及家长为学生进行选课咨询，让学生对自己所选课程做到心中有数，为正式选课做好充分准备。

③进入选课走班系统进行选课。学生可在教师、家长的帮助下选课，由学生本人最后决定。

（5）公布结果阶段。

选课结果在选课结束后一定时间内公布。由学校开出各门课程选修学生名单，并利用选课走班系统生成初始的班级课表、任课教师课表、学生个人课表，学校领导及教务处根据学校及教师的实际情况进行课表调整（包含任课教师、上课教室、学生构成等），形成最终的课表，然后利用系统推送给任课教师及学生所在行政班班主任和每个学生。下学期开学后，学生按此选课名单和个人课表进行上课。

学生对自己选修的课程必须严肃认真对待。凡经批准选修的课程，一般不能随便退选或改选，如确需退选或改选，学生要填写退改选申请，由学校批准，由年级管理人员负责调整退改工作。

3．选课走班教学的具体实施

（1）选课走班教学模式。

实行分层分类相结合模式开展走班教学。根据学校的实际情况，可将所有行政班划分成若干单元，每单元根据学生的选课情况组成不同的分层教学班和分类教学班。不同教师教不同层次、不同学科或模块。实行行政班和教学班双轨管理制度。在保持行政班不变的前提下，实行走班上课，课程结束后返回行政班继续其他课程的学习，参与行政班的各项活动。

（2）选课走班的管理。

班级管理：除实行走班上课的学科外，其他学习、活动及早晚自主学习时间仍在行政班内进行，班主任不仅要抓好行政班的各项管理工作，还要把管理的触角延伸到自己班级学生所在的教学班中，加强和教学班任课教师的联系和沟通，及时解决走班教学时出现的问题。

走班学科教师全面负责教学班的管理工作。教学班学科教师要加强本课堂的考勤、纪律、卫生等的管理，并及时与行政班班主任沟通交流，防止出现学生管理上的空当，以便实现无缝隙化管理。选课走班学生的座位实行固定制，教学班座位由所在班的任课教师负责编排。

教师管理：任课教师是教学班的核心，是教学班中教学、纪律、财物、安全管理的第一责任人。任课教师担任几个班级的教学,就相应担任几个班级的教学班班主任。对任课教师基本要求是一岗双责,即既要完成学科教学任务,又要承担起对所任教班级学生的管理责任。

学生管理:

A. 建立导师制。对学生进行有效指导和有效监管。导师职责包括以下几点:了解每个学生的个性与特点;为学生进行选课和生涯指导;对学生进行学习指导;对学生时间规划进行指导;指导学生处理好各种社会关系,并协调人际关系等。

B. 加强学分管理。利用综合评价系统从学习课时、修习过程、模块考试成绩三方面确定学生是否获得学分。

C. 教学班学生的座次安排遵循"同一行政班的学生座次相邻,合作小组的成员来自同一行政班"原则。固定学生在教学班的听课位置,确定学生座次表,注明学生姓名、行政班号。组建教学班班委会,协助任课教师做好考勤、纪律、日常卫生监督等工作。班委会成员由来自单元内各行政班的学生学习合作小组的组长组成。教学班各学科均设多个科代表(每行政班1名)负责收发原行政班同学的作业、与任课教师交流信息等。

(3)选课走班的教学管理与评价。

①定期召开教学协调会,及时解决教学中遇到的问题。

②定期召开有关班主任、学科组长和学科教师会议,针对教学中出现的问题,及时做出科学的应对策略。

③加强集体备课,实行统分结合的备课体制,即同一学科有统一的集体备课要求、内容,同时考虑到"学考""选考"的层次和教学内容的不同,要进行分类分层次的教学内容备课。

④按照行政班进行教学的学科,执行学校原来的常规教学要求和教师评价标准;按照发展方向和选修内容不同组织教学的学科,除继续执行正常的常规教学要求外,重点通过所教学生的动态变化和召开学生座谈会、利用综合评价系统进行满意度测评,以科学、民主的评价调动教师工作积极性。

第三节 技术管理

新高考新课改以学生个人的成长为尺度来衡量教育的价值,各学校开始尝试为学生提供个性化教育的选课走班和分层教学模式。这都需要有一个强大的信息化系统的支持。

选课走班的技术管理主要看学校采用哪个公司的选课系统，不同公司的选课系统各有特色，但是主要功能差不多。本文以北京爱云校的选课系统为例，为大家做一个简单介绍。

2019年5月北京爱云校教育科技研究院（简称"爱云校"）发布了"3+1+2"模式下的新高考一体化解决方案。全新的解决方案在核心功能及内容资源上进一步升级，为第三批进入改革试点的8个省份提供平台及服务保障。"爱云校"为学校提供可定制的"选课指导""资源评估""分班排课""考务管理"和"成绩分析"等核心功能，帮助学校积极应对高考改革，解决学校管理运行、教学质量提升等问题，具体解决方案如图8-6所示。

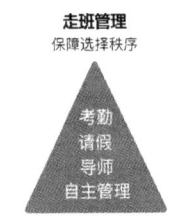
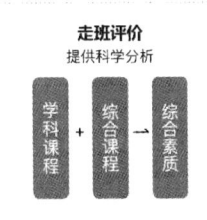

图8-6 "爱云校"新高考改革一体化解决方案

一、学校需求分析

1. 教学准备阶段

（1）资源评估与课程规划。学校需要基于现有的师资、教室资源情况开展课程规划，并发布学生可选择的课程组合，例如资源相对薄弱的学校可以给学生提供 16 种课程组合，而不是完整的 20 种可选课程组合。

（2）学生选课。对于校本课程，学校需要为学生提供统一的自主选课平台；对于选考科目，学生可选择相应的课程组合。

（3）排课。包括必考科目的行政班排课，以及选考科目的教学班排课。在有分层教学需求的情况下，需要开展"选课+分层"教学班排课。

（4）发布课表。学生和教师可通过网页、移动端等方式查看属于自己的课表。

（5）学生多元化选择，包括学生选自习和选导师。走班排课通常会产生白天自习课，学校可为无课学生安排自习教室，学生可自主选择自习室；学生选导师可以包括选生涯规划导师，也可以是学校实施导师制（替换原有的班主任制）下的学生选常规导师。

2. 教学实施阶段

（1）学生过程性评价。传统行政班教学环境下班主任可通过及时与任课教师交流掌握班级学生学习的整体情况，而在走班教学环境下，学生分布到不同的任课教师的教学班中，导师/班主任如何才能对学生的学习进行有效监管就成为新的难题，这就需要有配套的过程性评价，定期记录学生的学习表现，便于导师/班主任及时帮助和指导学生。

（2）日常调课。在走班课表中，教师的临时调课就不是几名教师之间简单的对调课程，而是"牵一发动全身"的整体性调整，一方面在走班排课时需要有配套的调课预案，在实际实施过程中可进行机动调整；另一方面需要有配套的调课信息发布。

二、走班教学基本类型

1. 学科分层走班

在 2018 年 9 月之前的高考改革过渡期，学校可以在部分年级实施学科分层走班，打破传统"重点班""平行班"的划分模式，基于每位学生每门学科的成绩、能力水平提供更加科学的课程服务，做到因材施教。图 8−7

为学科分层走班示例图。

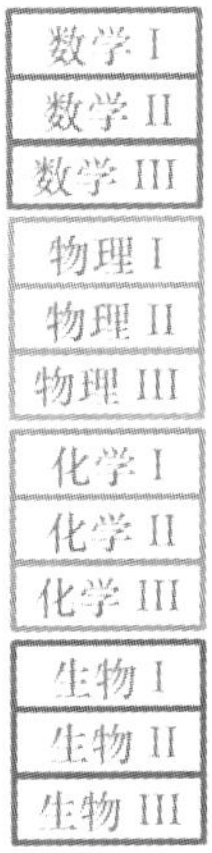

上课时间	星期一	星期二	星期三	星期四	星期五
第1节	高中语文-3/李艳琴/S210A	数学ⅡA-2/赵青/S209A	高中英语-3/李洪斌/S211A	数学ⅡA-2/赵青/S209A	物理ⅡA-1/王树超/S201A
第2节	高中语文-3/李艳琴/S210A	物理ⅡA-1/王树超/S201A	化学ⅡA-2/霍凤超/S313A	化学ⅡA-2/霍凤超/S313A	高中语文-3/李艳琴/S210A
第3节	数学ⅡA-2/赵青/S209A	高中语文-3/李艳琴/S210A	数学ⅡA-2/赵青/S209A	物理ⅡA-1/王树超/S201A	生物Ⅱ-1/夏静/S115A
第4节	物理ⅡA-1/王树超/S201A	生物Ⅱ-1/夏静/S115A	生物Ⅱ-1/夏静/S115A	高中英语-3/李洪斌/S211A	数学ⅡA-2/赵青/S209A
第5节	化学ⅡA-2/霍凤超/S313A			生物Ⅱ-1/夏静/S115A	高中英语-3/李洪斌/S211A
第6节					
第7节		自习-3//S209A	自习-3//S403A	篮球-3/任冰洁/篮球场	
第8节	篮球-3/任冰洁/篮球场	篮球-3/任冰洁/篮球场	自习-9//S317A	自习-3//S319A	篮球-3/任冰洁/篮球场
第9节	高中英语-3/李洪斌/S211A	自习-4//S209A	自习-5//S310A	高中语文-3/李艳琴/S210A	化学ⅡA-2/霍凤超/S313A

图 8－7　学科分层走班——学生课表示例

2. “3＋1＋2”选课走班

2018 年新高一学生“3＋1＋2”选课之后，学校需要基于学生选课情况开展走班排课，走班课表需尽可能满足学生的选课意愿。通常，“语数外”必考科目可沿用原有的行政班教学，对“3＋1＋2”选考科目开展走班教学。图 8－8 为学生选考“物化地”的课表安排。

节课	星期一	星期二	星期三	星期四	星期五
第1节	数学	语文	英语	数学	数学
第2节	语文	英语	数学	英语	语文
第3节	语文	数学	体育	物理	英语
第4节	英语	地理	语文	语文	物理
第5节	物理	化学	地理	地理	音乐
第6节	化学	物理	化学	班会	地理
第7节	体育	美术			化学

图 8－8　选课走班学生课表示例（选考科目：物化地）

三、新高考走班课程管理平台

新高考选课走班课程管理平台的业务划分和功能定位如表 8-16 所示。

表 8-16 选课走班课程管理平台的业务划分和功能定位

业务	主要应用	定位
基础管理平台	身份认证与授权管理	对用户身份、权限、基础信息、课程进行统一管理,为各类应用提供统一的基础服务;面向第三方应用,提供统一的接口,实现统一身份认证,以及应用的互联互通
	基础信息管理	
	基础办公	
	课程体系管理	
	统计分析	
	第三方应用管理	
教务管理	校本选课	为学生提供便捷的自主选课平台,促进学生个性化发展,同时可支持学生选自习和选导师
	中高考选课	面向中高考选考改革,提供学生选课功能,包括高中"6 选 3""7 选 3"选课,以及北京初中的"5 选 3"选课
教务管理	行政班排课	提供行政班自动排课平台,为学校优化课程编排提供支持,提升任课教师满意度
	走班排课	面向高考选考产生的学科走班教学,基于走班排课系统以及走班排课模型,为学校提供走班排课服务
	课表管理与查看	支持行政班、分层走班两种模式的课表管理,提供"一生一课表"和"一师一课表"

续上表

业务	主要应用	定位
综合课程管理	普通实践课程	为每一位学生提供可选择的综合课程服务，促进学生的全面发展
	自主实践课程	
	社团活动管理	
	自主管理学院	
	获奖成果认定	
	行为规范管理	
评价	过程性评价	将过程性评价和终结性评价共同作为学生整体评价的组成部分，让评价更加客观、全面；同时，在走班教学环境下，导师/班主任可通过任课教师对学生的过程性评价，及时了解学生的日常表现
	评教	将学生评教、教师的教学业绩等6个方面共同作为教师评价的因素，让评价更加客观、全面
校园办公	校园办公管理平台	学校可以便捷、高效地开展日常办公、资源预约、文印管理、调查问卷等工作，提升学校日常管理工作效率
移动校园	基于微信企业号的移动校园	包括移动端查看课表与通知、过程性评价、综合课程管理、成绩查看等功能

对学校、学生、教师、班级、部门、教室等信息进行统一管理，为课程、教学、评价、管理、家校沟通等应用提供统一服务，并保障各应用系统之间的数据互联互通。面向第三方应用，提供统一的接口，实现统一身份认证，以及应用的互联互通。

四、选课走班系统

面向高考选考产生的学科走班教学，基于走班排课系统以及走班排课模型，为学校提供走班排课服务是该系统的基本功能之一。

1. 选课走班系统的应用价值

（1）基于学校资源现状，以及学生选课情况，为学校提供走班排课服务，实现学校资源的优化配置，以及学生可选课程组合的最大化；

（2）提供与走班课表相配套的调课预案，为学校日常教学提供调课服务。

2. 选课走班基本流程

（1）资源评估与课程规划。对学校师资、教室等基础资源进行初步评估，拟定初步的课程规划方案，并基于资源现状提出学生可选课程组合的建议。例如，对资源相对富裕的学校可以给学生提供完整的 20 种课程组合，而资源相对紧张的学校建议可以只给学生提供 16 种左右的课程组合。

（2）基础信息收集整理。包括学生选课信息、在选课基础上是否要进一步分层、学科教师安排、教室数量、教室可容纳班额数量等信息。

（3）排课表。基于走班排课系统以及走班排课模型，开展走班排课工作，包括排课表、教学班分班等环节。走班课表需尽可能满足所有学生的选课需求、满足教师对任课时间的需求、课表无时间冲突（学生时间、教师时间、教室时间）。

（4）课表优化提升。在学校资源允许情况下，进一步优化排课模型和课表质量，主要从"教学班男女生比例均衡、同科目不同教学班学生数量均衡、尽量减少自习课、充分考虑本次走班课表和下次走班课表间的延续性"等维度提升课表质量，如图 8-9 所示。

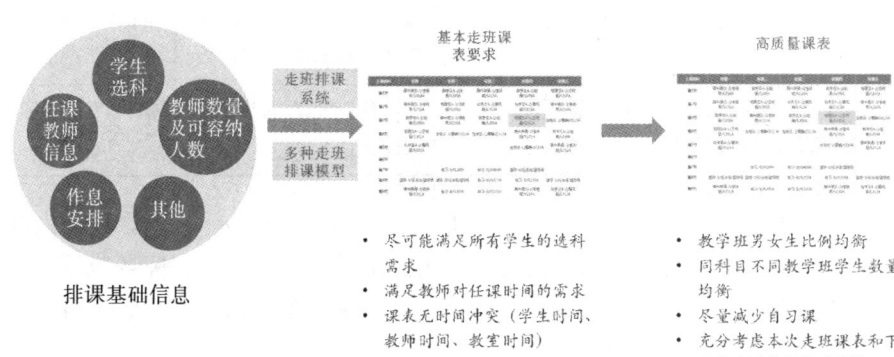

图 8-9　选课走班的课表生成

（5）课表发布，包括学校总课表、教师课表、教室课表和学生课表。

（6）形成配套的调课预案，为学校日常教学的临时调整做好准备工作。

（7）学生在教师和家长指导下自主选课。

五、智能排班信息展示

走班制后,走班课程会在不同的教室,由不同的教师来上课,学生和教师都需要一个很好的指引。可以根据课程的类型,比如不走班的课程显示行政班班级名称,走班的课程显示课程名称、教师名称等,指引学生和教师到达正确的地点上课。对于常规课程和走班课程混合的学校,可以根据课程表变换显示形式。

1. 个人电子课表

教师和学生可以在任一台终端设备上刷卡查看自己的个人课表,见图8-10。走班后,每个学生、每位教师的课表都将不一样,快捷便利地查看自己的个人课程表有助于合理安排自己的时间,还可以查看当天课程的授课教师和上课地点。

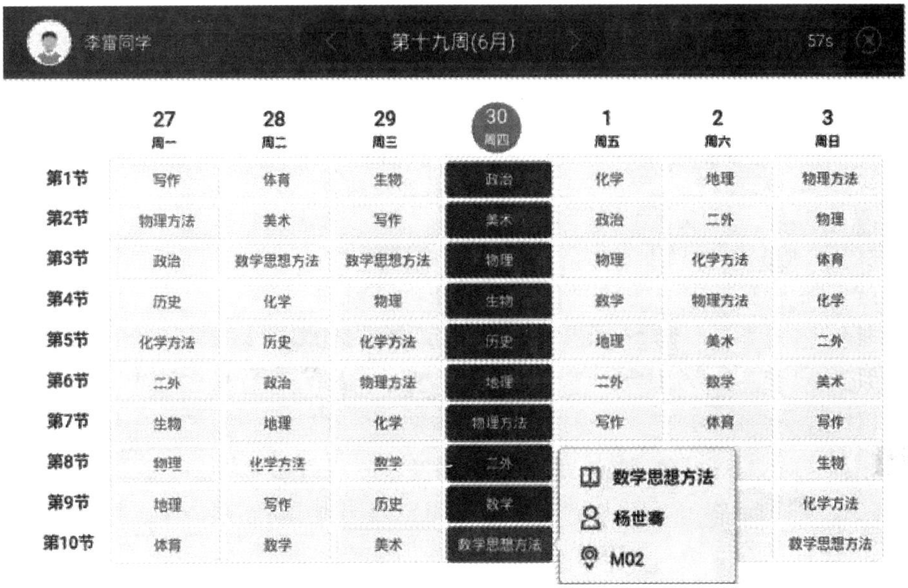

图8-10 个人电子课表示例

2. 请假管理

教师可以在后台查询学生请假记录,也可以新建学生的请假信息。请假模式灵活,既可以针对某个节次或者入校、离校考勤请假,也可以一次请多天假。图8-13、图8-14为电子平台的请假管理示例图。

3. 走班课程考勤

后台可以设置走班课程的考勤时段，课前多久至课后多久结束。当考勤时段开始，终端提示刷卡考勤。学生可以进行刷卡签到考勤。教师在设备上也可以查看课程的考勤统计，如图 8-11 所示。

图 8-11　请假管理示例 1

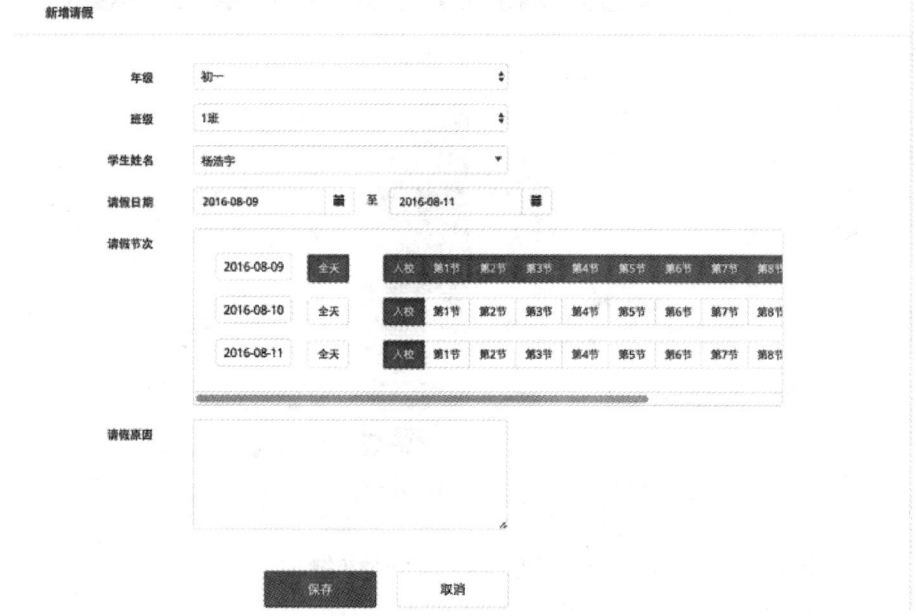

图 8-12　请假管理示例 2

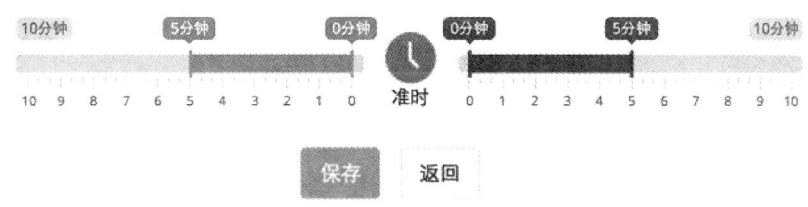

图 8 - 13　走班课程考勤示例

4．考勤统计报表

可以按需生成各种考勤报表，便于管理者查看和分析，作为管理者做决策的数据支援，如图 8 - 14、图 8 - 15 所示。班主任可以查看到自己班级学生在常规课程的考勤统计，也可以以行政班角度查看整个班级学生在各个走班课程的考勤统计情况，便于班主任进行行政班管理工作。

图 8 - 14　考勤统计报表示例 1

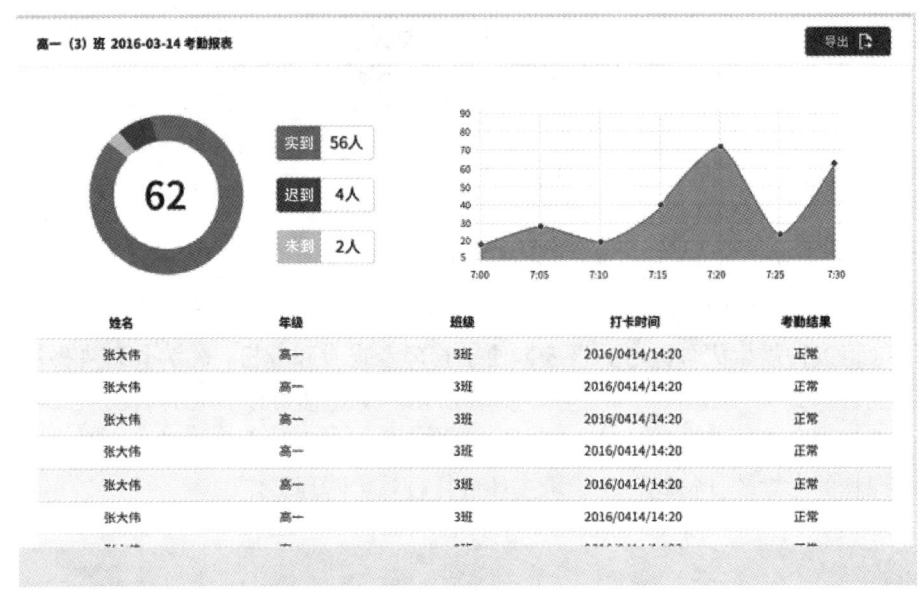

图 8-15　考勤统计报表示例 2

5. 微信公众号查看考勤统计

对于走班制的学校，行政班级的学生分散出去上走班课程，班主任可以通过微信公众号，查看自己班级学生走班课程的考勤状况，如图 8-16、图 8-17 所示，当然也可以登录后台查看考勤统计。

 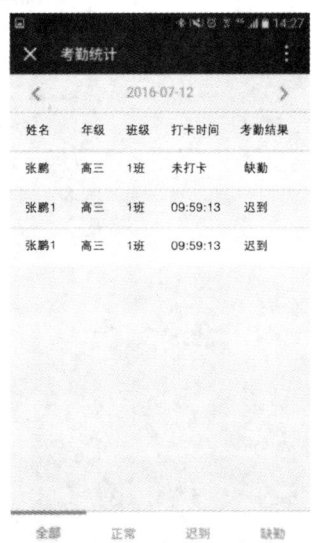

图 8-16　微信公众号考勤统计示例 1　　图 8-17　微信公众号考勤统计示例 2

家长可以在微信公众号查看学生的考勤统计,也可以查看学生课表以及每次考勤的详细信息,如图 8-18、图 8-19 所示。

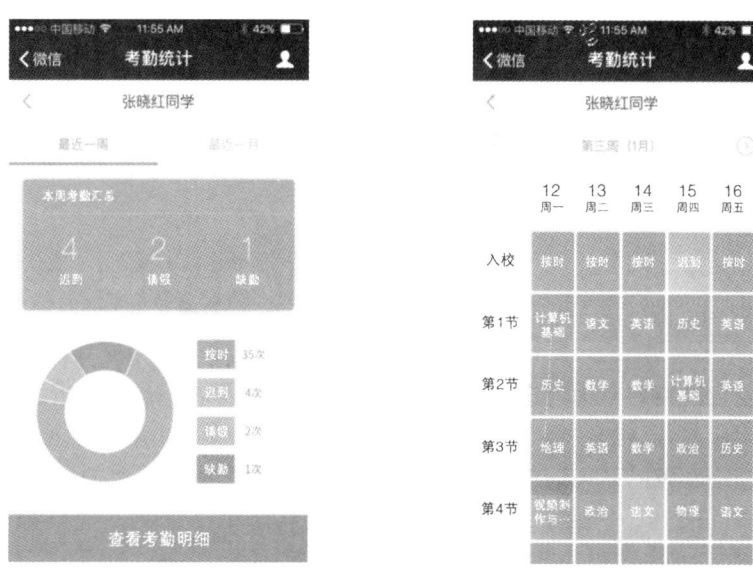

图 8-18　家长版微信公众号考勤统计示例 1　　图 8-19　家长版微信公众号考勤统计示例 2

第九章 学生发展指导体系建设

学生发展指导是为促进学生全面、健康、和谐发展，预防并解决学生发展中的困扰而开展的一项工作，主要包括道德、学业、生活与生涯等方面，是当代中小学校的基本职能之一，与教学、管理处于同等重要的地位。

第一节 现实溯源

一、国家教育改革的要求

党的十九大报告提出，落实立德树人根本任务，发展素质教育，推进教育公平，培养德智体美全面发展的社会主义建设者和接班人，并明确指出我国教育要培养什么样的人、为谁培养人、怎样培养人的问题。2010年7月，教育部发布《国家中长期教育改革和发展规划纲要（2010—2020年）》，这是21世纪我国第一个中长期教育规划纲要，也是今后十年我国教育改革和发展的纲领性文件。文件指出：高中阶段教育是学生个性形成、自主发展的关键时期，对提高国民素质和培养创新人才具有特殊意义；注重培养学生自主学习、自强自立和适应社会的能力，克服应试教育倾向；建立学生发展指导制度，加强对学生的理想、心理、学业等多方面指导。

2014年3月，教育部发布《关于全面深化课程改革落实立德树人根本任务的意见》，明确提出：建立普通高中学生发展指导制度，指导学生学会选择课程，做好生涯规划。

2018年1月，教育部印发《普通高中课程方案和语文等学科课程标准（2017年版）》，进一步要求：普通高中的任务是促进学生全面而有个性的发展，为学生适应社会生活、高等教育和职业发展作准备。学校应建立学生发展指导制度,采用专职教师与兼职教师相结合的方式,组建专门队伍,加强对学生的理想、心理、学业、生活、生涯规划等方面的指导,提高学生生涯规划能力和自主发展能力。因此开展学生发展指导研究、建立学生发展指导体系是执行国家政策、培养国家所需人才的具体行动。

二、学校推进教育改革的需要

新高考第一批改革试点,选择在上海和浙江进行,时间是从2014年开始。也就是说,2017年这两个地区的考生已经完成了第一次新高考。第二批试点已经于2017年9月在北京、山东、天津、海南四个省市启动,即2020年高考时,上述地区的考生将参加改革后的首次统一高考。第三批有多个省份在2018年秋季高一新生入学时启动改革:河南、江苏、广东、河北、西藏、黑龙江、辽宁、贵州、山西、四川、吉林、湖南、重庆、湖北、福建、内蒙古、安徽。最后一批陕西、云南、宁夏、青海、甘肃、广西的改革会在2019年秋季启动。这么大规模的改革,学校并没有获得太多的指导,尤其是学生发展指导更是无从下手。根据目前的信息,大部分的省份将实施"3+3"的模式,其中前一个"3"表示语文、数学、外语3门必考科目,后一个"3"表示3门普通高中学业水平等级考试科目,学生可以从思想政治、历史、地理、物理、化学、生物6门科目中任意选择3门,不再文理分科。事实上,"6选3"选的不仅是考试科目,这一选择还决定了学生高考后大学的专业,甚至还影响大学毕业后的职业生涯。因此,新高考给学生提供了选择机会,让学生更好地实现全面而个性的发展,但同时还要使学生具有选择的能力,包括选择适合自己的职业路径、专业和高校、考试的科目组合。因此教会学生学会判断、学会选择、学会负责是当前非常紧迫而重要的任务。

三、学生自我生涯发展的需要

正如英国教育家艾尔弗雷德·诺思·怀特海所言,教育的目的是为了激发和引导学生的自我发展之路。学生不是被动的学习机器,他们是主动的自我发展者,他们有自我发展的诉求和自我实现的需求,他们需要认识自己、发现自己、挖掘潜能、实现自我优势和承担责任。因此,他们需要有人帮助他们树立生涯发展观念,探索自己的兴趣、能力、天赋、需要,建立适合他们的生涯目标并激励他们努力去行动,最终实现生涯成就和自身和谐发展。但是据调查,大多数学生不清楚自己适合什么职业,对擅长能力、应选专业都不是很清楚。

第二节 理论基础

一、马克思主义的人的全面发展理论

人的问题是马克思主义理论研究的核心问题,人的发展理论也是马克思主义基本理论中的一个重要理论,揭示了人的发展的一般规律。所谓人的全面发展,在马克思看来,是指"人以一种全面的方式,也就是说,作为一个完整的人,占有自己的全面的本质"①,是"人类全部力量的全面发展"②,"使自身的自然中沉睡着的潜力发挥出来"③。概括来讲,就是人的所有本质特征得到充分体现,人的所有能力都得到全面发展,人的所有潜质都得到激发,人的个性得到凸显。它着重强调的是人的充分、最大限度的发展。

(1) 人的全面发展是人各方面能力都得到发展。

这里的能力主要是指人的各方面能力所组成的能力体系。它包括从事物质资料生产劳动的能力和从事精神生产劳动的能力,这一劳动能力的全面发展,就是人改造客观世界的能力的全面发展。其实质就是个人的德、智、体等能力,生产能力和社会能力等得到全面发展,"可以理解为我们通常所说的德、智、体、美诸方面的完整发展"④。

(2) 人的全面发展是人的社会关系的全面发展。

人存在于社会中,人总是在一定的社会关系中才得以活动和发展的。人只有在社会中才能实现发展,人的全面丰富的内在本质只有在全面丰富的社会关系中才能得以表现和实现。因此,马克思认为:"社会关系实际上决定着一个人能够发展到什么程度"。⑤ 人的社会关系的全面发展,表现在人的社会关系的丰富多样性上,还表现在人的活动的范围上,实现人的"普遍交往",表现在人对社会关系的控制上,表现为人对社会关系自由度的提高。

---

① 中共中央马克思恩格斯列宁斯大林著作编译局. 马克思恩格斯全集:第四十二卷 [M]. 北京:人民出版社,1979:123.
② 中共中央马克思恩格斯列宁斯大林著作编译局. 马克思恩格斯全集:第四十六卷上 [M]. 北京:人民出版社,1979:486.
③ 中共中央马克思恩格斯列宁斯大林著作编译局. 马克思恩格斯全集:第二十三卷 [M]. 北京:人民出版社,1972:202.
④ 扈中平. "人的全面发展"内涵新析 [J]. 教育研究,2005 (5).
⑤ 中共中央马克思恩格斯列宁斯大林著作编译局. 马克思恩格斯全集:第三卷 [M]. 北京:人民出版社,1956:295.

（3）人的全面发展是人的需要的全面发展。

马克思根据需要的发展层次，把人的需要分为生存需要、享受需要和发展需要。这意味着对于学生的发展指导，要合理引导学生的需要，让他们明白，既要通过自己的劳动实现物质的自由，靠自己的双手能够独立生存，不依赖别人，同时也要有自身的精神追求，追求自我价值的实现，过上自己想要的生活。

（4）人的全面发展是人的个性的全面发展。

"个性发展"的核心就是人的素质构造的独特性。个性主要表现为人的自觉性、自主性、创造性和能动性。人的个性发展是在人的全面发展的基础上实现个体特长、兴趣、爱好的充分发展，从而达到个人的自觉能动性、独立自主性和个体创造性的自由、充分、全面发挥。

未来社会需要"个人独创的和自由的发展"，需要每个人培养自己的独立个性。

二、和谐发展思想

和谐原属美学范畴，系指事物各方面的协调配合与多样性的统一，包括多方面的协调、多样的统一、力量的平衡和功能的优化。人的和谐发展系指人"内外和谐的平衡统一关系状态以及个体各方面利益关系的协调发展"①。人的和谐发展是全方位的，从空间和层次上可以分为人与自我的和谐发展、个人与他人的和谐发展、个人与社会的和谐发展以及个人与自然的和谐发展，体现了人的个性特征、类特征与社会特征和谐发展的有机统一，"反映了个体身心关系、人际关系、群己关系、社会关系、天人关系的和谐发展状态"②。和谐发展的思想是中国文化思想的重要内容。中国传统文化是追求和谐的文化。中国人追求个体系统、社会系统和自然系统的系统内和系统间的均衡和谐。

人的和谐发展思想首先是人与自我的和谐。它是人和谐发展的基础和起点，是指人认识自我、接受自我，达到生理与心理、物质与精神等方面一种健康协调的状态。

其次是人与他人的和谐。人际和谐是个体和谐发展的客观要求。个体在社会生活和实践中一定会与他人和群体发生关系，由此便产生了个体与他人的群己关系问题。

再次是人与社会的和谐。人的本质是社会性的，人与社会的和谐，就是

---

①② 徐绍华. 大学生个体和谐发展论［D］. 昆明：云南大学，2013：25.

正确处理个人与社会的利益关系,"构成人与人之间新型的社会关系,每个人的发展为所有人的发展提供前提条件,社会所有人的共同发展又将成为推动每个人发展的强大动力"。

最后是人与自然的和谐。人与自然的和谐就是建立人与自然的共生关系。人首先是自然存在物,因此人的和谐发展必须以自然界的存在和发展为前提,同时,"自然界又是人改造和索取的对象,人类通过实践活动不断地去认识自然的特性和发展规律,去能动地改造自然,并从自然界中获取物质资料来满足人的发展的需要"。

无论是中国古代对"君子"与"圣人"的理想追求,到今天的"四有"人才和德、智、体、美全面发展的人才观念,还是古希腊对"和谐公民"的培育,到今日西方人性解放的追求,无不以个体的和谐为基础,以人的全面发展为旨归。

三、学生发展理论

学生发展理论指导不是一个理论的名称,而是一些有关学生发展理论的综合称呼,通常包括社会心理和同一性发展理论、认知结构发展理论和分类理论等。本文只对部分有关的理论进行述评,以及对于学生发展指导的影响进行分析。这些理论为促进学生发展指导服务,为学生发展指导的操作提供理论依据。

1. 亚瑟·齐克林(Arthur Chickering)的发展向量理论

(1)理论观点。

美国心理学家奇克林赖斯尔(Reisser)提出了对自我同一性的形成具有贡献的向量,并成为对学生发展进一步研究的出发点。齐克林选择了向量的术语而不是阶段的称谓就是为了避免学生发展连锁反应的含义,提出发展方向是螺旋式或一步一步地前进而不是直线的。

他用了七个向量来描述学生的发展任务。这些向量包括:

第一,培养能力;

第二,管理情绪;

第三,从自治走向相互依赖;

第四,培养成熟的人际关系;

第五,建立身份同一性;

第六,确立发展目标;

第七,培养正直诚实的品质。

一个向量就是一个发展任务,有着具体的内容,显示生活的特定阶段,同时这些向量也是相互依存、互相影响的。为了使学生在七个向量中得到最大化发展,齐克林在1993年提出了指导实践的三个基本原则:

第一,把工作和学习综合起来,包括教育机构、企业单位和广大社区的合作关系,将会提高学生的经验。

第二,认识和尊重差异,正如大学尊重个体的多样性一样,要认识到不同背景、生活方式和道德传承的学生可能需要不同的方法和干预措施。

第三,对循环学习和发展的承认允许发展性干预的多种观点,它们来自于在学生的学业干预中使用独特方法的所有人员。

(2)对于学生发展指导的影响。

指导人员可以利用这一理论培养学生的目标意识和制定目标的能力。七个向量中与学业指导关系最直接的就是确立发展目标。这一向量中包含的任务有三个方面:教育、学业规划和规划成熟的生活方式。教育任务的内容就是制定教育目标,发现学习和生活其他方面的关系;学业规划的内容就是培养对工作世界的意识以及个体兴趣和优势的匹配能力,整合自我知识和工作世界知识,做出学业决定;规划成熟生活方式的计划包括确定将来的方向,平衡职业愿望和将来的家庭,以及判断下一生活阶段的方向感。

2. 巴科斯特·玛蒂尔达(Baxter Magolda)的独立决策

玛蒂尔达探索了自我主导的重要性,这是学生自身内部产生价值观和同一性的能力,而不是依赖他人的观点作为学生发展可靠目标的核心。

(1)理论观点。

玛蒂尔达在1992年发布了一项经过长期研究形成的成果,描述了"四种本质上不同的认知方式,每种方式都有自己独特的一套认知假设"。这四种认知方式(绝对的、过渡的、独立的、结合环境分析的)与学习者的不同预期相关,与他们的同伴及指导者如何评判学习、如何做出教育决定相关。玛蒂尔达利用科干1994年的模式去获得相互关系,因为科干的模式从"认知"(我们如何开始认知,如何决定哪些是可以相信的)、"人的内心"(我们如何看待自己)和"人际关系"(我们如何与他人建立联系)三方面描述了"发展"问题。根据这三个方面,她把学生的经历分成四个阶段:遵循既定方案;转折时期;成为自己生活的主宰;构建内在的思想基础,进而能够做出明智选择。

表9-1中显示了学生是怎样发展成为一个独立的决策者的,也就是达到了玛蒂尔达所说的"自我主导"这一阶段。她的结论是,处于该发展阶段的个体既能够吸收外来信息又能够坚持自我的价值认定,并做出合理的决定。实现"自我主导"的学生不会盲从他人,遇到问题时能够找到适合自己的解决途径和处理方式。这种行为处事能力要求学生具有派瑞模型中的"相

对主义阶段"和"信守阶段"应达到的认知能力和灵活性,以及在齐克林强调的自我人格及成熟的人际关系两个向量上得到了充分的发展。虽然玛蒂尔达强调学生决策的自我独立性发展,但是他也关注了其他人在学生决策中的作用。

表 9-1 自我身份确认过程的几个阶段

不同发展阶段	遵循既定方案	转折时期	主宰自己的生活	构建内在的思想基础
认知部分:我是怎么知道的?	相信权威的安排	对安排产生怀疑;以自己的眼光来看待需求	选择自己所相信的;强调"我"是如何在一定的情境中获得外界知识的	立足于内在信仰系统
人的内心部分:我是谁?	通过外人来确定自己	意识到外在限制的窘境;从内在身份确认的角度看待各种需求	选择自己的价值,在各种外在压力环境中确定身份	立足于对自身的内在的清晰领悟
人际关系部分:我希望与他人建立什么样的关系?	希望在与他人的关系中获得赞许	意识到专注于外在赞许所产生的窘境;更关心自己怎样融入与他人的关系之中	在关系中力求真实地表现自己,通过妥协来达成共识,良好共处	立足于亲密的相互关系

(2) 对于学生发展指导的影响。

根据玛蒂尔达和金的观点,指导人员要引导学生去考虑他们的价值观、兴趣、能力和将来探索的目标怎样影响学生学业和职业的选择,这是培养他们自我主导发展的关键。

3. 约翰·霍兰德(John Holland)的职业性格类型理论

霍兰德的职业类型与个人和环境相互作用的理论是美国高校学业指导与咨询工作广泛使用的理论。它可以帮助学生在关于理解自己和可能的专业与职业之间建立联系。

(1) 理论缘起。

美国霍普金斯大学荣誉退休教授霍兰德提出人—境匹配理论,源自于他对当时美国学业咨询与辅导中使用的测验的疑惑,进而通过研究,发展出这一新的理论。

霍兰德的理论想要解决三个主要问题：第一，哪些个人与环境的特征，能够带来满意的学业决定、学业承诺以及学业成就？反之，又有哪些个人与环境的特征，会让我们无法做决定，或是做出不满意的决定，甚至做了选择后产生不了成就感？第二，从长期的眼光看，有哪些个人与环境的特征，会影响一个人在工作上的稳定程度与改变的程度？第三，什么是最有效的方法，能够帮助一个人解决学业上的困难？

（2）基本观点。

霍兰德将美国社会中的职业归纳成六大类型，相应地，也自然有六种不同类型的人，会去从事和自己类型相同的职业。

第一，在美国的文化中，大多数人可以归入这六种类型之中：实际型（realistic type）、研究型（investigative type）、艺术型（artistic type）、社会型（social type）、企业型（enterprising type）和传统型（conventional type）。人们与某个类型越相像，他们就会越多地表现出此类型的特质和行为。

第二，环境也可以根据它与类型的相似之处做同样的划分，也有这相同的六种类型：实际型、研究型、艺术型、社会型、企业型和传统型。正如霍兰德所说"人和环境的匹配所导致的结果是可以用我们关于人格类型和环境模型的知识去预测和理解的"。

第三，人都在追求某类工作环境，这类环境能施展个人的技术与能力，能展示个人的态度与价值，能胜任问题的解决和角色的扮演。

第四，一个人的行为取决于人格特点和环境特点的交互作用。

运用霍兰德的自行研发的测评量表可以帮助评估学生的人格类型和工作环境类型，使他们看到两者之间的关系，以便更好地制定学业和职业目标，以及实施学习的过程。

第三节 行动体系

依据系统论、国际学校辅导的经验和广东地区的学校调查研究，本研究确定了全方位学生发展指导体系结构。全方位学生发展指导体系是"在学校范围内，基于学生、学校及社会需求和资源，为促进学生全面、和谐发展，为学生进行道德发展指导、学业发展指导、生涯发展指导、生活发展指导而开展的具有一定秩序和内部联系的相关活动和服务的整体"。它是一种面向全体学生，实施全程指导，全员参与指导，促进学生全面发展的全方位的指导体系。它由四个要素组成，分别是学习领域、实施方式、支持体系和行动路径。具体内容见图9-1、图9-2。

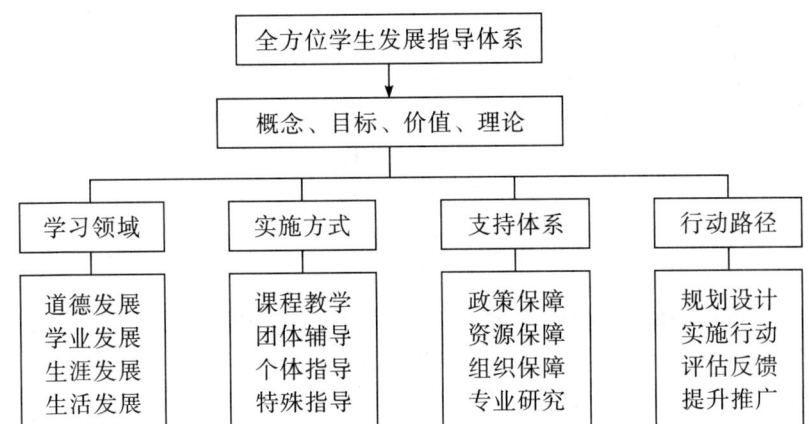

图 9-1　全方位学生发展指导体系图

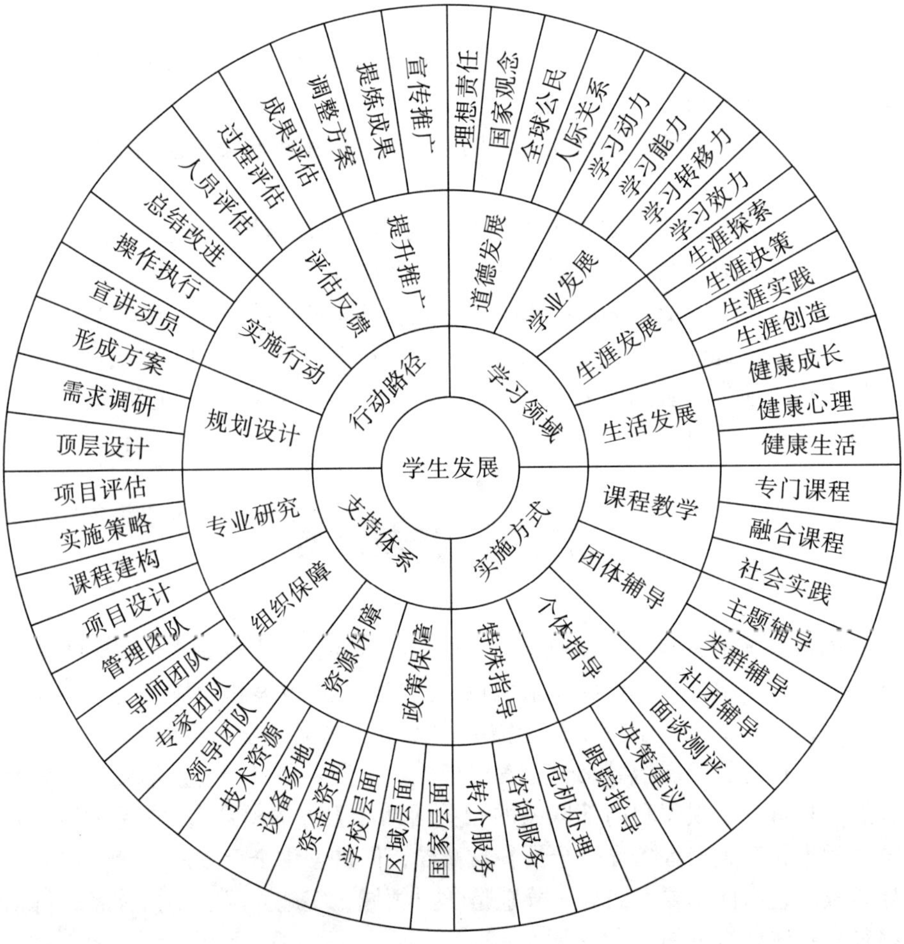

图 9-2　学生发展指导模型图

一、学习领域

学习领域包括道德发展、学业发展、生涯发展和生活发展。假如把小鸟比作学习领域（见图9-3），那么，生涯发展是头部，指明方向，起着引领的作用；学业发展和生活发展是翅膀部分，为飞翔提供动力；道德发展是尾巴，起着飞翔的平衡作用。各部分协调发展为飞翔提供条件。所以学生发展指导有生涯指导，形成牵引力；有学业和生活指导，给他们提供方法指导，形成助推力；有道德指导，给他们提供飞翔过程中保持平衡和保持方向的能力。

图9-3　学习领域四个方面的比拟图

（一）道德发展

这个模块包括理想责任、国家观念、全球公民和人际关系四个方面。

理想责任包含理想信念与责任担当两个层面。具体指应使学生具有热爱党和拥护党的信念，学习中国特色社会主义理论，树立积极向上的人生理想；拥有与社会公德一致的意识和标准，维护社会公平正义，承担相应的责任。

国家观念包括国家认同和民族自信。学生通过学习培养国家意识和爱国情感，接受并践行社会主义核心价值观，具有民族文化自信和民族自豪感，了解中华优秀传统文化，增强文化自觉和文化自信。

全球公民包含全球胜任力和生态文明两方面。具体指帮助学生了解文化的多样性和差异性，尊重多元文化，为全球化做出自己的贡献；了解地球生态，树立天人合一的生态观，践行生态文明。

人际关系模块包括沟通能力和合作能力两方面。学生应具有同理心，具有表达自己和理解别人的能力；并能够与别人进行谈判、协调，采取合作行动，处理合作冲突。

（二）学业发展

这个模块包括学习动力、学习能力、学习转移力和学习效力四个方面。

学习动力要求学生的学习观念、学习动机、学习情感都得到发展。观念上应认识学习特性、了解学习规律等，了解自我学习个性差异，包括学习风格、学习优劣势；动机上了解学业成就对未来工作、家庭与社会的影响，能正确认识学习的价值；情感上则应具有热爱学习的态度和浓厚的学习兴趣，具有自我激励与自我导向学习的意愿。

学习能力包括学习方法、考试策略和自我管理。学生要了解和确定适合自己的学习方式并能有效运用，具有较强的自控力，能够进行独立和合作学习；能够进行科学应试，具有熟练的考试策略，如考试准备、时间安排、答题技巧等；也能够进行时间管理和任务管理等，做负责任的学习者，自主、自动、自觉地学习。

学习转移力则要培养学生学习适应和学习准备两方面的能力，指导学生适应不同阶段的教育要求，具有不同教育阶段之间需要的过渡能力，知道怎样寻求帮助；使之了解升学和毕业要求，确定目标、做好能力和材料准备，完成毕业要求，顺利毕业。

学习效力包括学业目标和学业评估，要使学生能够在了解自己和环境的基础上设立学业学习长中短期目标，制定学业和学习计划；不断评估自己的学业和学习状况，分析自我的学习状态，进行调整和改进。

（三）生涯发展

生涯教育是人生导航的教育。学生首先了解自己在哪里，要去哪里，选择什么方式去，需要做什么准备。这个模块包括生涯探索、生涯决策、生涯实践和生涯创造四个阶段。

生涯探索主要指导学生进行生涯认知、职业探索和自我求索。学生了解人的成长历程与规律，及不同时期的角色类型、任务和责任，与自身生涯发展建立联系；了解工作世界的讯息，了解社会环境与职业需求，尊重所有的职业和工作者；全面了解自己，包括兴趣、性向、性格、能力、价值观等，将自我认知与终身生涯发展连接。

生涯决策包括信息研究和生涯选择两个方面，指导学生运用各种途径和技术搜集并研究信息，寻找资源，以帮助生涯选择；在这个过程中清楚自己的决策风格、技巧，学会运用各种技术和工具选择课程、专业以及生涯方向。

生涯实践包括生涯设计、大学准备和生涯行动，指导学生依据自身兴趣、个性和潜质选择和建立合适的生涯目标，制定科学合理的行动方案和计划；根据生涯目标，进行大学入学研究，选择升学路径、专业和院校，做好考试安排和申请准备；了解生涯成功需要的道德规范、工作习惯和个人能力，撰写简历和求职信，具有求职技能等。

生涯创造指学生在指导体系帮助下应具备生涯评估、生涯调试和生涯创新三方面的能力,具体指能够客观科学地评估自我和生涯发展现状,找出自己生涯发展需要的改进方向和改进措施;管理自己的生涯方案,适应职业和技术变化,在变化的环境下不断改进自己的生涯方案;在生涯评估和调整的基础上,发挥自己的优势和潜力,实现职业创新、路径创新。

(四)生活发展

生活发展包括健康成长、健康心理和健康生活三方面。

健康成长指关注学生的生命安全、生存能力和生理健康。学生应获得安全意识和自我保护能力,掌握安全常识和生活安全技巧,掌握初步的救生方法;能够理解生命的意义,重视生命的价值,爱护生命,具有在不同环境生存的能力;了解身体成长规律,掌握生理健康方法,正确认识性别不同而带来的身体成长差异。

健康心理包括自我效能、情绪管理和问题解决。要指导学生自我认识、自我认同、自主自助,形成积极的自我概念和健康人格;能够认识和表达自己的情绪,能够调节和管理情绪;同时拥有解决问题的兴趣和能力,形成解决问题的策略和方式,具有自制力和抗挫折能力。

健康生活指使学生具备生活管理能力、劳动能力和适应变化的能力,锻炼管理健康生活的技能,养成健康文明的行为习惯和生活方式,能够自我导向健康的生活;尊重劳动,具有积极的劳动态度,具有通过诚实合法劳动创造成功生活的意识和行动等;学生能够认识变化是必然的,能够接受变化、适应变化、主动变化和创造变化。

二、实施方式

学生发展指导项目的实施方式分为四种,分别是课程教学、团体辅导、个体指导和特殊指导。这些活动有的是直接活动,就是学校辅导师和教师与学生的互动活动,如课程教学等;有的是间接活动,如社团活动。每一活动所针对学生群体也不一样:课程教学面向所有学生教学,团体辅导面向具有相似特征的一组学生,个体指导是一对一地对学生指导,特殊指导是为有需要的学生进行问题解决和发展干预。

(一)课程教学

课程教学包括专门课程、融合课程和社会实践三个方面。

课程体系的目的就是帮助学生获得在学业、生涯、道德、生活方面最大化成长和发展而需要的知识、能力和态度。课程内容是发展性内容,通过有组织有计划的课堂教学活动和其他形式的教育性活动实施。课程按照年级实施，从小学一年级到高中三年级，具有不同的实施范围，既可以是班级的，也可以是全校范围的。

课堂教学是由学校辅导师、教师或者两者合作来进行组织教学，帮助学生掌握相应的知识、技能和培养正确的态度。教育性活动是由辅导师组织或协助教师和学校组织校际范围内全部或部分学生开展校内、校外活动，以达到课程标准规定的内容。

虽然这些活动主要由教师和辅导师实施，但是需要所有相关人员的支持和协助。

（二）团体辅导

团体辅导分为主题辅导、类群辅导和社团辅导，为资优学生、落后学生、社团学生以及其他有需求的学生开展辅导活动。

（三）个体指导

个体指导分为面谈测评、决策建议和跟踪指导，指导学生建立个人的生涯和学业目标，制订行动计划并执行计划，目的是帮助学生了解自己的教育和生涯目标，并能清晰地表达出来并付诸行动。个体指导是建立在课程体系基础上的。通过课程体系的学习，学生了解生涯路径和工作世界的知识，知道自己的生涯兴趣、能力和学业状况，能够具有自己的学业和生涯目标。

个体指导从初中开始，学生开始在一对一指导下设计自己的未来，计划自己的学业和生涯，尤其是关于高中的选课和学习，制定出他们最初的目标和计划。高中生回顾和评估自己的目标和计划，进行必要的调整和完善。

（四）特殊指导

特殊指导包括帮助学生解决发展问题，进行个人或小团体指导，或者危机处理等，并回应和帮助学生及家长的特殊需求。因此，这项内容的目的是帮助或指导学生解决影响他们生涯、学业、社会性和心理发展方面的问题，例如学业挑战、人际关系、家庭问题、压力管理、危机管理等。

三、支持体系

支持体系是为学生发展指导工作提供的一系列保障措施和活动，包括政策保障、资源保障、组织保障和专业研究。

（一）政策保障

政策保障包括国家层面、区域层面和学校层面的法律、政策、规定等。行政管理部分的管理指南、专业协会的标准对项目的实施都有很大的影响。相关法律、政策、规定不仅使项目存在具有合法性、合理性，还表达了一种支持和鼓励的态度。同时，这些法律、规定和政策还必须保证得到实施。

（二）资源保障

资源保障包括资金资助、设备场地和技术资源三方面。

资金对于项目的实施是至关重要的。没有充足的资金会严重影响项目的效果，资金最好是专项下达，便于针对性地使用。同时，教室、教学材料和教学设施也是非常必要的。

（三）组织保障

学校和相关机构的相关人员是项目成功的必要的人力资源，包括领导团队、专家团队、导师团队和管理团队等。学校辅导师是主要的执行者，承担教学、团队辅导、一对一指导和回应式服务，同时还要与其他人员合作并为他们提供专业指导以及协调活动。其他人员给学校辅导师的活动提供支持和协助。学生的参与也是非常重要的。学校辅导师的专业发展是一个重要的议题，为他们提供充足的培训机会能保障项目实施的专业性。学校辅导师与相关教师必须接受专业培训，包括最初的岗位培训、持续的专业发展培训、参与专业研究以及参与专业学术会议和工作会议。

（四）专业研究

以辅导师与教师为主体，在专业人员指导下开展相关研究，具体可以包括项目设计、课程建构、实施策略、项目评估等方面。

四、行动路径

学校开展学生发展指导项目实施要经过这样几个阶段，分别是规划设计、实施行动、评估反馈和提升推广。这几个阶段形成一个闭环的系统，可以不断循环。

（一）规划设计

不管是行政部门还是学校，实施学生发展指导项目都是从决策开始，在决定实施学校辅导项目之后，就开始进行以下阶段的工作。

1. 顶层设计

（1）组建团队。组建的团队包括管理团队和工作团队。管理团队包括教育行政主管部门、校长和区域相关人员，工作团队包括校长或管理人员、辅导师、有兴趣的教师及学生和家长、其他相关人员。有条件的还可以建立指导团队，由专家、资深辅导师、教师和家长组成。

（2）建立机构。学生发展指导能够实施还需依赖于机构的保障。目前中小学还没有专门实施学生发展指导的机构，相关工作由心理辅导中心、德育部等进行。

（3）提供政策和资源保障。确定支持开展项目的政策和规定，以及人力、财力和物力保障。

（4）确定目标。确定项目需要达到的长短期目标。

2. 需求调研

需求调研主要是形势评估和需求调查。

（1）评估当前学校相关的形势。包括已经开展的相关活动内容和作用调查；当前专业人员情况，是否有能力实施这一项目；当前的资源状况，包括资金、设施及设备；学生、家长、教师、员工对于相关活动的态度和意见。

（2）学生、教师和家长需求调查。调查的目的是为了获得学生和教师真正的需求，了解他们的期待，将他们的需要作为项目的内容和制订行动计划的基础。调查的方式可以是书面或电子材料，也可以是访谈和交流，或者综合使用。

3. 形成方案

为了使项目得以有序实施，有必要制定行动方案，它包括使命和任务陈述；行动计划，包括行动步骤、时间节点、预期结果等；项目内容，即基于学生需求，确定使命和任务陈述、学习领域和方式、执行路径以及评估和改进方式、执行人员等；资源需求，包括需要的资金、人力、设施、设备和材料等。

（二）实施行动

执行阶段是动员各方力量，将设计的各种课程和活动赋予实施。学生通过学习这些课程和参与这些活动才得以掌握知识，培养能力。

宣讲动员，即制定手册和各种材料，利用各种媒介简要介绍项目，让所有参与的人员都了解项目内容。操作执行，即制定学年安排，包括各个年级各种活动的整体安排，如人员、内容和时间等；面向所有学生开展课程教学、各种指导和辅导活动等。总结改进指与所有相关人员合作，包括管理人员、教师、员工、家长和学生，获得相关反馈信息，密切监控项目的进展。

(三) 评估反馈

（1）目的：评估的目的是为项目的合理与否提供判断依据，以及为项目改进提供基础。

（2）内容：

①人员评估：评估学校辅导师以及其他参与人员。人员评估的目的既是为了改进工作，促进他们的专业成长和发展，也是为了证明自己的工作量。具体评估内容可以分为三个方面，即专业态度、专业实践和专业效果。

②过程评估：对学校开展的活动和服务进行评估，以确定项目是否按照标准实施。学校根据项目标准来检查自己的进度，外部评估运用同样的标准来进行。

③成果评估：了解学生的改变和学生是否受益，主要包括学生满意度、项目实施过程中学生的活动记录和学生进步调查。评估的方式包括满意度调查、学生材料记录、学生成绩和行为的测评及观察。

(四) 提升推广

提升推广包括调整方案、提炼成果和宣传推广三个方面。

1. 调整方案

根据评估的结果确认哪些需要改进，并确定改进的策略，同时根据学生的需求确定需要增加的部分，然后重新设计方案并执行。

2. 提炼成果

总结规律，形成成果，包括学生成果、相关主体成果和物化成果三个方面。学生成果是学生的思想、行为、结果等方面的积极变化，即学生的成长表现；相关主体成果指教师、家长的思想、行为、结果等的变化；物化成果包括规划、方案、报告、著作、读本、教材、论文等。成果要素是评估学校指导工作价值的重要依据。

3. 宣传推广

制作宣传媒介，通过网站、微信公众号或其他宣传媒介使相关人员获得信息，利用成果。

参考文献

[1] 王永红. 改革开放40年我国中小学课程改革的历史进程及其成就［J］. 北京教育学院学报，2018（3）.

[2] 周彬. 指向学生个性成长的高中教育转型：基于上海与浙江高考改革试点的实践研究［J］. 中国教育学刊，2017（4）.

[3]《基础教育课程》编辑部. 科学修订普通高中课程，提升人才培养质量：访教育部部长助理、教材局局长郑富芝［J］. 基础教育课程，2018（Z1）.

[4] 冯成火. 高考新政下高中课改的评价、问题与策略：基于浙江省的实践与探索［J］. 教育研究，2017（2）.

[5] 柳夕浪. 学生综合素质评价：怎么看？怎么办？［M］. 上海：华东师范大学出版社，2016.

[6] 张红霞. 综合素质评价"内外全程式"诚信机制的理论构想与实践路径［J］. 中国教育学刊，2017（7）.

[7] 张民选. 高校招生考试制度改革研究［M］. 上海：上海教育出版社，2008：103.

[8] 刘清华. 试论美国高校招生考试与学校教育的关系［J］. 外国教育研究，2003（4）.

[9] 张德伟，梁忠义. 国际后期中等教育比较研究［M］. 北京：人民教育出版社，2006：17.

[10] 王姝. 美国高中课程设置及启示［D］. 沈阳：沈阳师范大学，2011.

[11] 曲茜. 美国综合高中课程设置及其启示［D］. 长沙：湖南师范大学，2014.

[12] 杨光富. 国外中学学生指导制度历史演进［M］. 上海：华东师范大学出版社，2015.

[13] 宋春燕. 美国高中生涯辅导探究：以密苏里州为例［J］. 中小学德育，

2017（1）.

[14] 王彦力. 台湾高考制度的改革［J］. 天津市教科院学报，2012（5）.

[15] 沈林岩. 我国台湾地区大学入学考试制度改革述评［J］. 经济师，2013（11）.

[16] 冯明，汪亮. 台湾技职教育、生涯教育及其对大陆的启示［J］. 教育与职业，2014（2）.

[17] 江珊，李卯. 台湾地区高中生涯规划课程的实施与借鉴［J］. 课程教学研究，2017（2）.

[18] 周羽全，钟文芳. 我国台湾地区中小学生涯教育及其启示［J］. 内蒙古师范大学学报（教育科学版），2010（12）.

[19] 廖素娴，林欣毅. 台湾地区普通高中新、旧课程纲要比较分析：以99课纲与12年基础教育课纲为例［J］. 教育学术月刊，2016（9）.

[20] 王彦力. 台湾高考"分类考试"改革［J］. 上海教育科研，2014（2）.

[21] 王彦力. 台湾高考"综合评价"改革［J］. 上海教育科研，2013（4）.

[22] 王尧. 台湾高考的前世今生［J］. 两岸关系，2010（6）.

[23] 孙权. 台湾高考招考制度能给大陆哪些启示？［N］. 人民政协报，2015－08－01（7）.

[24] 周羽全. 我国台湾地区中小学生涯教育研究［D］. 上海：上海师范大学，2011.

[25] 吴孟洋. 台湾高校学生生涯教育的实践与启示［D］. 武汉：华中师范大学，2013.

[26] 香港中学文凭考试评级程序与水平参照成绩汇报［EB/OL］.［2018－08－05］. http://www.hkeaa.edu.hk/DocLibrary/Media/Leaflets/HKDSE_SRR_A4booklet_Mar2018.pdf.

[27] 中学辅导［EB/OL］.（2001－04－18）［2018－08－05］. https://www.edb.gov.hk/sc/teacher/student-guidance-discipline-services/projects-services/sgs/guidance-in-secondary-schools/index.html.

[28] 赖章荣. 香港中学文凭考试制度评析：兼谈对中国内地高考制度改革的启示［J］. 教育探索，2011（11）.

[29] 郑晓敏，张永军. 接轨国际　多元出路　强化校本：香港高中教育评核制度改革述评［J］. 教育科学论坛，2011（5）.

[30] 孙竞. 香港中学生涯教育概述及对内地的启发和借鉴［J］. 广西教育学院学报，2017（6）.

［31］王红丽. 香港新高中课程改革研究［D］. 重庆：西南大学，2011.

［32］李栋. 台港沪三地普通高中"学生发展指导制度"比较研究［D］. 上海：华东师范大学，2011.

［33］彭泽平，姚琳. 香港新高中课程改革：背景、构架与经验［J］. 比较教育研究，2010（12）.

［34］张永军. 新世纪香港高中教育制度改革述评［J］. 比较教育研究，2010（7）.

［35］香港中学文凭简介［EB/OL］.［2018-08-05］. http：//www. hkeaa. edu. hk/tc/hkdse/introduction.

［36］香港中学文凭考试校本评核简介［EB/OL］.［2018-08-05］. http：//www. hkeaa. edu. hk/DocLibrary/Media/Leaflets/SBA_pamphlet_C_web_re. pdf.

［37］校本评核分数调整机制［EB/OL］.［2018-08-05］. http：//www. hkeaa. edu. hk/DocLibrary/Media/Leaflets/HKDSE_SBA_A4booklet_Mar2018. pdf.

［38］香港中学文凭考试评级程序与水平参照成绩汇报［EB/OL］.［2018-08-05］. http：//www. hkeaa. edu. hk/DocLibrary/Media/Leaflets/HKDSE_SRR_A4booklet_Mar 2018. pdf.

［39］学生学习概览：介绍［EB/OL］.［2018-08-05］. https：//cd1. edb. hkedcity. net/cd/lwl/ole/SLP/SLP_01_intro_01. asp.

［40］高中课程指引：立足现在　创建未来（中四至中六）［EB/OL］.［2018-08-05］. https：//cd1. edb. hkedcity. net/cd/cns/sscg_web/html/chi/main01. html.

［41］商校合作计划简介［EB/OL］.［2018-08-05］. https：//careerguidance. edb. hkedcity. net/edb/opencms/bspp/aboutus/?_locale=zh_HK.

［42］策动未来：职业导向教育及特殊学校的新高中学制［EB/OL］.［2018-08-05］. https：//334. edb. hkedcity. net/doc/chi/cos_sen_rcport_print_060920_c. pdf.

［43］A framework of career guidance for secondary schools［EB/OL］.［2018-08-05］. http：//202. 116. 36. 202/cache/11/03/vps5288. youdomain. hk/d4c8747416a001a2339a94342b0f5743/CLP-Guide_Chi_15_Clear-version. pdf.

［44］家校会简介［EB/OL］.［2018-08-05］. https：//chsc. hk/main. php?lang_id=2.

［45］李克东，李颖. STEM教育与跨学科课程整合［J］. 教育信息技术，2017（10）.

[46] 余胜泉，胡翔. STEM 教育理念与跨学科整合模式 [J]. 开放教育研究，2015（4）.

[47] 王素. 《2017 年中国 STEM 教育白皮书》解读 [J]. 现代教育，2017（14）.

[48] 胡卫平，首新，陈勇刚. 中小学 STEAM 教育体系的建构与实践 [J]. 华东师范大学学报（教育科学版），2017（4）.

[49] 赵慧臣. STEM 教育视野下中学生探究学习的设计与实施 [J]. 现代教育技术，2017（11）.

[50] 赵兴龙，许林. STEM 教育的五大争议及回应 [J]. 中国电化教育，2016（10）.

[51] 蒋家傅，张嘉敏，孔晶. 我国 STEM 教育生态系统与发展路径研究：基于美国开展 STEM 教育经验的启示 [J]. 现代教育技术，2017（12）.

[52] 祝智庭，雷云鹤. STEM 教育的国策分析与实践模式 [J]. 电化教育研究，2018（1）.

[53] 范文翔，赵瑞斌，张一春. 美国 STEAM 教育的发展脉络、特点与主要经验 [J]. 比较教育研究，2018（6）.

[54] 刘月霞. 中国教研的价值与使命 [J]. 基础教育论坛，2016（26）.

[55] 陈万勇，林威. 走班之后，学校教研如何转型 [J]. 福建教育，2017（46）.

[56] 扈中平. "人的全面发展"内涵新析 [J]. 教育研究，2005（5）.

[57] 顾明远. 《教育大辞典》增订合编本：上 [M]. 上海：上海教育出版社，1998：562.

[58] 仁，李康. 学生发展理论在学生事务管理中的应用：美国学生发展理论简介 [J]. 高等教育研究，2008（3）：19－27.

[59] 考米斯 R，伍达特 B，等. 学生服务：高校学生事务工作手册 [M]. 本书译委会，译. 北京：中国青年出版社，2008：190.

[60] 金树人. 生涯咨询与辅导 [M]. 北京：高等教育出版社，2007：49－50.